DERNIÈRE ÉPOQUE

DE L'HISTOIRE

DE CHARLES X,

SES DERNIERS VOYAGES, SA MALADIE,

SA MORT, SES FUNÉRAILLES, SON CARACTÈRE,

ET SES HABITUDES DANS L'EXIL;

SUIVI

Des Actes et Procès-verbaux relatifs à son décès.

PAR M. DE MONTBEL,

ANCIEN MINISTRE DE SA MAJESTÉ.

.... Quis talia fando

Temperet a lacrymis?

Deuxième Édition

PARIS,

J. ANGE ET Cⁱᵉ, ÉDITEURS,

19, RUE GUÉNÉGAUD;

VERSAILLES,

MÊME MAISON, LIBRAIRIE DE L'ÉVÊCHÉ,

28, RUE SATORY.

DERNIÈRE ÉPOQUE

DE L'HISTOIRE

DE CHARLES X.

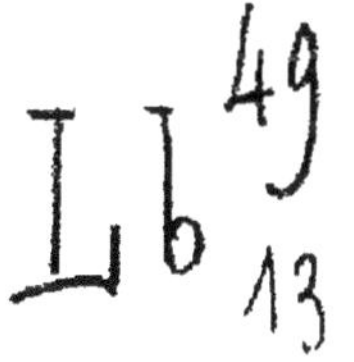

PARIS. DECOURCHANT, IMPRIMEUR,
1, RUE D'ERFURTH

DERNIÈRE ÉPOQUE

DE L'HISTOIRE

DE CHARLES X,

SES DERNIERS VOYAGES, SA MALADIE,

SA MORT, SES FUNÉRAILLES, SON CARACTÈRE,

ET SES HABITUDES DANS L'EXIL ;

SUIVI

Des Actes et Procès-verbaux relatifs à son décès.

PAR M. DE MONTBEL,

ANCIEN MINISTRE DE SA MAJESTÉ.

. . . . Quis talia fando
Temperet a lacrymis ? . . . . . .

Deuxième Édition.

PARIS,

J. ANGÉ ET Cⁱᵉ, ÉDITEURS,
19, RUE GUÉNÉGAUD ;

VERSAILLES,

MÊME MAISON, LIBRAIRIE DE L'ÉVÊCHÉ,
28, RUE SATORY.

INTRODUCTION.

Charles X n'est plus!... Si ce prince, dont la vie avait dépassé l'âge de nos rois, eût succombé à la loi commune, dans sa patrie, dans le palais de ses ancêtres, entouré de l'affection et des regrets de ceux qu'il combla des preuves de sa bienveillance; de ce peuple dont il désirait si loyalement le bonheur et la gloire, la reconnaissance et l'infortune auraient escorté son cercueil, en bénissant sa mémoire, et les hérauts d'armes auraient fait retentir à Saint-Denis le cri français : « Le Roi est mort!... vive le Roi. »

Mais, trois fois banni de sa patrie qu'il aimait, ayant vu tomber une grande partie de sa famille sous la hache, et un fils chéri sous le poignard, proscrit, octogénaire, errant, le bâton d'OEdipe à la main, parmi des peuples étrangers, qui s'inclinaient avec respect devant ce front vénérable, tristement consacré par le diadème, le malheur et la vertu; cherchant loin des palais un modeste asile où pussent reposer dignement son grand âge et ses grandes infortunes; ce prince, frappé seul et soudainement d'un fléau destructeur, au milieu de sa famille et de ses serviteurs éplorés, expire sans murmure, sans faiblesse, et sa dernière parole est une bénédiction pour ses persécuteurs.

Il y a dans ce tableau quelque chose de saisissant, qui froisserait l'âme, si l'on osait interroger les décrets de la Providence, sans se rappeler qu'un grand roi, dont les vertus servirent de modèle à Charles X, mourut aussi sur la terre étrangère, atteint d'un fléau de Dieu. Mais du moins les serviteurs de saint Louis purent rapporter son cercueil sur le sol de la France; l'armée en pleurs accompagna ses longues funérailles; et Philippe, son successeur légitime, d'après nos constitutions fondamentales, déposa lui-même ces restes sacrés dans les tombes royales de Saint-Denis.

Témoin de ces tristes événements de l'exil, des vertus et de la constance du prince qui vient de succomber, j'ai cru devoir à mon pays de lui faire connaître, avec quelques détails, les derniers moments, les dernières paroles, les derniers vœux de ce vieillard proscrit qui fut notre roi : ces paroles et ces vœux appartiennent à la France!

J'ai écrit ces lignes sous l'empire des émotions-les plus pénibles, sans ambitionner des succès d'écrivain. Je raconte simplement ce que j'ai vu, ce que j'ai entendu, ce que mon cœur a senti; si mes expressions sont restées au-dessous d'un sujet aussi élevé, il est assez frappant par lui-même pour que l'intérêt des lecteurs ne lui manque pas.

Je crois devoir commencer mon récit au moment où le Roi entreprit les voyages qui se terminèrent d'une manière si funeste.

CHAPITRE PREMIER.

CHAPITRE PREMIER.

—

Des raisons de haute convenance avaient décidé le roi Charles X à ne plus prolonger son séjour dans le château de Prague, que lui avait offert temporairement l'Empereur au moment de son arrivée dans les États autrichiens. Ce palais, la seule habitation possible du roi de Bohême, pouvait être souvent occupé par le souverain du pays; il pouvait peut-être même devenir la demeure d'un archiduc vice-roi. Charles X ne pouvait supporter la pensée de gêner par sa présence les projets et les voyages de l'Empereur; il craignit, malgré les instances qui lui furent faites, d'abuser de cette hospitalité.

Il chercha dès lors à former un établissement à peu de distance de Prague; mais, malgré les recherches les plus suivies, les soins les plus assidus, toutes les démarches furent vaines à cet égard : on ne put parvenir à faire aucune acquisition, aucune location convenable.

Alors, sur la réputation du site de Goritz, de la salubrité de son atmosphère et de ses eaux, le Roi se décida à se retirer plus tard dans ce pays mixte, entre l'Allemagne et l'Italie, et qui réunissait, disait-on, les avantages des deux climats. Ce qui amena surtout cette résolution du Roi, c'est la pensée qu'un pays plus chaud que la Bohême pourrait être favorable à la santé de plusieurs vieux serviteurs attachés à son infortune; mais il ne se décida pour ce déplacement qu'avec une extrême répugnance, partagée surtout par madame la Dauphine.

Les bagages de la maison de Charles X et plusieurs personnes de son service furent dirigés vers Goritz, dès le mois de mai, par les soins du baron de Saint-Aubin. Le château du Graffenberg, qui domine la ville à une de ses extrémités, fut loué au comte Coronini, et destiné à l'habitation du Roi et de son petit-fils. M. le Dauphin, madame la Dauphine et Mademoiselle devaient habiter l'hôtel du comte Strasoldo. Quelques autres maisons furent disposées pour recevoir les personnes de la suite. Il fut presque décidé qu'on se rendrait dans cet établissement, après un séjour de quelques semaines à Tœplitz.

Le Roi quitta Prague à peu près vers l'époque où devaient se faire les préparatifs pour le couronnement de Ferdinand Ier et de l'Impératrice-reine. Avant son départ, l'archevêque, le comte de Mennsdorf, commandant militaire de la Bohême, le général prince de Windischgratz, et plusieurs autres personnes considérables vinrent lui exprimer leurs regrets profonds de la résolution qu'il avait prise, et lui témoigner combien la population entière en était péniblement affectée.

Dans cette circonstance le Roi donna à la cathédrale un magnifique ostensoir de vermeil, comme monument des arts de la France, comme souvenir de sa présence dans ce temple, où, chaque jour, il était venu adresser à Dieu de si ferventes prières pour la prospérité de son pays, où chaque jour il avait prononcé le pardon de ceux qui l'avaient proscrit.

Le départ eut lieu à huit heures du matin. Au moment de quitter cet appartement d'où l'on domine la Moldau, le pont si pittoresque qui la traverse, Prague avec ses dômes, ses tours, ses innombrables flèches gothiques, cet ensemble de monuments qui contrastent d'une manière si admirable avec la végétation vigoureuse de la hauteur crénelée du Laurenzberg : « Voilà, dit le Roi, une des plus belles situations que j'aie jamais vues : ce spectacle était pour moi une véritable jouissance..... Nous quittons ce château sans bien savoir où nous allons; à peu près comme les patriarches qui ignoraient où ils planteraient leur tentes........ Que la volonté de Dieu s'accomplisse! »

Les deux jeunes princes s'étaient déjà mis en route. Madame la Dauphine devait partir le lendemain pour Carlsbad; elle suivit le Roi jusqu'à sa voiture. Sur l'escalier se trouvaient plusieurs personnes de tout rang; mais surtout un grand nombre de pauvres habitants de Prague, qui, les yeux en larmes, venaient dire un dernier adieu à leur généreux bienfaiteur. « Nous prions le Ciel qu'il nous ramène Votre Majesté, » disaient ces bonnes gens. Effectivement, des neuvaines avaient été faites dans les églises pour demander à Dieu que Charles X continuât d'habiter Prague; et l'archevêque ne se lassait pas de répéter : « Qui pourrait remplacer pour ce peuple l'exemple de toutes les vertus donné ici par le Roi et sa famille!.... leur présence seule était faite pour nous attirer les bénédictions du Ciel.

Cette scène rappela à l'infortuné monar-

que ce qui s'était passé lors de son départ d'Edimbourg. Les magistrats de la ville
étaient venus, au nom des habitants, lui exprimer leur vénération et leur profond regret
de le voir s'éloigner; et le peuple, qu'il avait
généreusement assisté de tous ses moyens, pendant les désastres du choléra, se porta en foule
sur le rivage, voulant d'abord s'opposer à son
embarquement qu'il ne croyait pas volontaire,
et saluant ensuite son départ de ses vœux et
de ses longues acclamations.

Le Roi ne voulut pas traverser Prague, pour
éviter des émotions inutiles et pénibles; il descendit vers le champ de manœuvres, et passa
la Moldau sur un pont militaire. On exerçait
alors les troupes à effectuer le passage des ri-
vières, au moyen d'un système de chevalets,
dont quelques jours auparavant le général
Hauer avait montré le mécanisme à M. le duc
de Bordeaux.

Parvenus à la rive opposée, le Hradschin se
développa à nos regards, dominé par sa haute
cathédrale et ses nombreuses tourelles; le pa-

villon de Wenceslas nous montrait encore les colonnes de son élégant péristyle; au-dessous, Prague se présentait dans toute son étendue sur les bords de la Moldau... Quelques minutes après disparurent graduellement à nos regards ces lieux qui, dans ce moment, nous semblaient une seconde patrie, la patrie de notre exil. « Il y a juste trois ans et sept mois qu'à pareil jour j'arrivai à Prague, » dit Charles X..... Il garda quelque temps le silence, plongé dans ses réflexions; puis il sembla élever son âme au ciel, et bientôt il chercha à retrouver sa gaieté bienveillante et sa conversation animée.

Par un concours de circonstances particulières, je me trouvais seul du voyage parmi les personnes de sa suite; j'étais dans la voiture où le Roi était monté avec M. le Dauphin. « Savez-vous, Montbel, me dit en souriant Charles X, que vous cumulez actuellement à vous seul les charges de premier gentilhomme de la chambre, de capitaine des gardes et de premier écuyer! Je ne vous avais pas jugé ambitieux à ce point. — Si le Roi, répondis-je, avait des courtisans, des gardes et des chevaux, je n'aurais pas plus de chances que de droits pour remplir de si brillantes charges; mais dans ce moment je dois à l'exil un bonheur que pourraient m'envier beaucoup de gens de bien en France. »

La conversation se rétablit dès lors, et j'eus encore une occasion d'apprécier le cœur parfait de ces princes. Nous avions traversé l'Elbe et la place forte de Thérésienstadt : nous approchions de Tœplitz. Le Roi et M. le Dauphin étaient fort occupés d'un nommé Heinrich, simple concierge de la maison qu'ils devaient habiter, mais qui, les années précédentes, leur avait montré beaucoup d'attachement et de zèle. Ayant appris qu'il avait été malade, ils voulaient lui témoigner tout leur intérêt pour ses souffrances et son rétablissement. En descendant de voiture, le Roi demanda : « Où donc est Heinrich ? — Il est mort depuis hier! » répondit d'un air consterné M. le duc de Bordeaux qui était venu embrasser son grand-père. Le Roi et M. le Dauphin se montrèrent fort affligés de cet événement..... Ils donnèrent à la veuve et à la famille du pauvre Heinrich des preuves d'un intérêt véritable.

CHAPITRE II.

CHAPITRE II.

—

Les premiers temps du séjour de Tœplitz ne
furent pas sans quelque douceur pour le Roi ; il
arriva des Français, le comte d'Autichamp, les
généraux Clouet et Arthur de Labourdonnaie,
ainsi que plusieurs autres. Le Roi et M. le
Dauphin s'entretenaient avec eux des souvenirs de la campagne de 1823, en Espagne, lors-

que la France intervenait avec franchise et grandeur, pour faire triompher un principe d'ordre,
et mettre un terme aux féroces réactions des
partis. On rappelait les circonstances de cette
brillante conquête d'Alger, exécutée avec tant
d'ensemble, et en si peu de jours, sans se mettre
en peine des ombrageuses réclamations de l'Angleterre. Le Roi parlait avec affection et bonheur de la France; il jouissait de revoir des
Français.

Tœplitz lui offrait aussi le charme de ses
riantes promenades, et l'action salutaire de ses
eaux dont il avait déjà fait des épreuves satis-
faisantes.

Mais ce séjour fut bientôt troublé pour lui.
Madame la Dauphine, qui s'était rendue à Carlsbad, afin d'y soulager des souffrances, résultat
de ses constants chagrins, madame la Dauphine y tomba malade tout à coup, d'une manière inquiétante. La nouvelle en fut à peine
arrivée à Tœplitz, M. le Dauphin en partit immédiatement, et le Roi, vivement affligé, envoya
sur-le-champ à Carlsbad le docteur Bougon,

son médecin. Heureusement le mal céda bientôt aux soins empressés dont fut entourée cette grande princesse; mais, après quelques jours de convalescence, elle dut aller continuer à Ischll la cure commencée à Carlsbad. Mademoiselle y suivit sa tante.

La sécurité du Roi avait été troublée par cet événement. La visite de la grande-duchesse de Toscane, la demande obligeante que lui adressa le nouveau roi de Saxe de permettre que M. le duc de Bordeaux se rendît à Dresde et au château de Pilnitz, et les succès que le jeune prince obtint à cette cour, lui furent agréables, sans détruire toutefois la préoccupation de ses idées. La mort récente du vieux roi de Saxe l'avait aussi profondément affecté. Ce prince, son contemporain, âgé même de quelques années de plus, lui était uni par des liens, par des souvenirs de famille, et par une affection indépendante des revers : naguère il était venu avec tous les siens le visiter dans son exil.

Le roi de Prusse allait arriver à Tœplitz; il devait occuper la maison qu'habitait Charles X,

qui fut ainsi forcé de s'éloigner, sans savoir encore dans quel asile il pourrait se rendre. Venu
d'Italie, le choléra s'était rapidement étendu jusqu'aux extrémités de la Transylvanie. Laybach,
violemment attaqué, avait vu s'éloigner la famille de don Carlos; Trieste, Udine, et les lieux
intermédiaires entre Saltzbourg et Goritz,
étaient cruellement ravagés. Il était imprudent
de parcourir alors cette ligne. Le Roi s'arrêta
à Budweiss, dans une auberge étroite, insuffi-
sante pour tant de voyageurs, et dans laquelle
il était exposé à une multitude de privations et
d'inconvénients si pénibles à son âge.

Tout à coup dans ce triste séjour M. le duc
de Bordeaux tombe grièvement malade. Depuis quelque temps avaient régné des fièvres
nerveuses et cérébrales : on signalait des symptômes graves qui faisaient craindre que ce
prince ne fût atteint dangereusement. Qu'on se
figure les angoisses de Charles X et de M. le
Dauphin !.... Des estafettes furent rapidement
dirigées vers Ischll, pour y porter cette triste
nouvelle. Madame la Dauphine et Mademoi-

selle éperdues en partirent immédiatement pour
Budweiss ; mais à leur arrivée le danger était
passé : la nature secondée par l'art avait sauvé
le prince. Sa convalescence fut longue toutefois. Il conserva longtemps beaucoup de faiblesse et une grande pâleur.

Désolé de voir cette illustre famille dans une
telle situation, et n'ayant d'autre asile que la
pauvre auberge d'une petite ville de Bohême,
M. le duc de Blacas fit tous ses efforts pour dé-
couvrir un lieu plus convenable, et qui du
moins offrît un abri tranquille et suffisant. Il
apprit que le comte d'Orsay avait l'intention
de vendre une terre à quelques postes de Budweiss : il s'y rendit, examina le château, ne
contesta pas sur le prix ; trois heures après, il
était propriétaire de Kirchberg. Il fit meubler
tous les logements avec une incroyable rapi-
dité, et bientôt il eut le bonheur de conduire
l'illustre vieillard, le prince convalescent, toute
la famille royale dans une demeure où ils re-
trouvaient l'air, la lumière, la propreté, le
calme et quelque élégance.

Le château de Kirchberg, à une journée de Vienne, est dans un site agréable; l'extérieur des bâtiments ne manque pas de noblesse; de grandes terrasses de granit lui donnent un aspect imposant. Les appartements, sans être très-vastes, sont commodes et bien disposés. Sortant de la triste auberge de Budweiss, le Roi fut d'autant plus enchanté de son nouveau domicile. Les jardins, un parc étendu, les forêts voisines lui offraient d'agréables promenades. Suivi de M. le Dauphin, presque tous les jours il montait à cheval, et restait plusieurs heures dans ses excursions. Sa santé paraissait parfaite.

Une grande satisfaction pour lui, c'étaient les progrès rapides de la convalescence de son petit-fils : les forces de ce prince s'étaient rétablies, son teint reprenait son éclat, et sa taille, étonnamment accrue, montrait que la maladie avait été causée par une crise de développement. Le Roi se complaisait souvent à nous faire remarquer la beauté des traits de son petit-fils, et le noble caractère de sa physionomie. Les soirées étaient embellies par la

gaieté spirituelle et gracieuse du frère et de la
sœur, qui entouraient le bon père de famille
de leurs caresses affectueuses. Lui-même ani-
mait les entretiens ; il racontait avec grâce les
souvenirs parfaitement présents à sa mémoire,
des hommes distingués qui avaient été en re-
lation avec lui, des événements dont mieux
qu'un autre il connaissait les causes et les détails.

L'arrivée de quelques Français vint animer
aussi le séjour de Kirchberg. Le baron d'Haus-
sez, ancien ministre de France, s'y rendit,
après un long voyage en Transylvanie. M. de
Vaufreland, ancien secrétaire général du ministère de la justice, y vint aussi avec sa famille et
M. Berryer. Le Roi les accueillit avec bienveillance ; il s'entretint plusieurs fois longuement
avec l'illustre orateur, lui demandant des nouvelles de la France, s'intéressant, avec une remarquable activité de cœur, à tout ce qu'on lui
racontait de tant de personnes qu'il avait con-
nues et qu'il n'avait pas oubliées. En parlant
de récents attentats, il déplora cette affreuse

tendance actuelle vers les crimes les plus atroces, et cette étrange corruption qui applaudit
au meurtrier, quand il se montre sans remords
et sans crainte, comme la foule applaudit un
acteur de mélodrame. « Malheur à ceux qui
déchaînent et ameutent les mauvaises passions, disait le Roi ; ce sont des bêtes féroces ;
elles dévorent le bras qui les a démusclées. »

Le départ pour Goritz était différé de jour
en jour ; le gouvernement impérial insistait
pour qu'on n'entreprît pas ce voyage, tant que
régnerait le choléra à Laybach, à Tarvis, à Udine, à Trieste, où il exerçait d'affreux ravages ;
car Goritz, malgré sa proximité des lieux infectés
par ce fléau, semblait une oasis invulnérable, et
servait de refuge aux populations voisines épou-
vantées. Les ministres autrichiens proposaient
le retour à Prague, après le couronnement de
Ferdinand Ier; mais Prague, à cette époque,
était en proie elle-même à une invasion terrible, qui attristait par de nombreuses funérailles
les cérémonies religieuses et les fêtes de la cour.
Plusieurs personnes de marque avaient été at-

teintes; des familles entières étaient moisson-
nées. L'archevêque d'Olmutz venait lui-même
de succomber.... Nous nous disions que notre
départ du Hradschin avant ces funestes événements semblait providentiel.

Plus tard, le Roi fit demander des rapports
sur l'état sanitaire des provinces illyriennes,
et particulièrement de Trieste. Ces rapports,
conformes aux nouvelles que nous recevions directement de ces contrées, annoncèrent que le
fléau avait totalement disparu à Laybach, à Udine, et qu'un vent violent, *le Bora*, l'avait fait
cesser tout à coup à Trieste. A cette même époque, la maladie s'avançait de la Bohême vers
Kirchberg; Budweiss était déjà envahi. Cette
considération fit penser au Roi qu'il était convenable de quitter un séjour menacé, pour se
rendre dans celui dont la salubrité était si généralement reconnue, surtout quand le fléau venait de disparaître de tous les lieux environ-
nants ou intermédiaires. D'ailleurs la saison
avançait. La famille royale était, il est vrai,
bien logée à Kirchberg; mais les gens de son

service eussent été trop exposés aux rigueurs de l'hiver dans ce climat froid, et pour ces princes, la pensée de la souffrance possible de leurs serviteurs était une raison de sacrifier toutes leurs convenances personnelles. Le Roi décida son départ, mais avec un sentiment visible de mélancolie et de répugnance : on eût dit qu'il pressentait que Goritz lui serait funeste.

CHAPITRE III.

DÉPART DE KIRCHBERG. — LINTZ. — L'ARCHIDUC
MAXIMILIEN. — LE 79ᵉ ANNIVERSAIRE.
SALTZBOURG. — VISITE A LA PRINCESSE DE BEYRA
ET A LA FAMILLE DE DON CARLOS.

CHAPITRE III.

—

Charles X partit de Kirchberg le 8 octobre; M. le Dauphin et madame la Dauphine l'avaient précédé de quelques jours. Une température douce, un soleil brillant donnèrent de la facilité et des charmes à ce voyage.

Le Roi fit un séjour à Lintz. L'archiduc Maximilien se hâta de le visiter avec cet empresse-

ment respectueux qu'ont pour la vertu malheu-
reuse les âmes élevées qui savent mépriser une
injuste fortune. A l'exemple de l'archiduc, tous
les chefs militaires vinrent faire leur cour à
Charles X, tous les honneurs lui furent rendus.
Ce qui toucha le plus le cœur du Roi, c'est que,
pendant trois jours consécutifs, l'archiduc en
grand uniforme de général conduisit lui-même
M. le duc de Bordeaux dans toutes les parties du grand système de fortifications dont
il est l'inventeur, lui en montrant l'ensemble
sur des cartes et les détails dans les différentes
positions. L'archiduc exprima qu'il était très-
satisfait de l'instruction et de l'intelligence militaire dont avait fait preuve le jeune prince.
Le témoignage d'un maître aussi consommé dans
son art et d'un guerrier aussi loyal charma le
vénérable monarque. Lui-même visita avec
l'archiduc ce vaste camp retranché, et suivit
avec lui le chemin de fer jusqu'aux hauteurs
qui dominent le large lit du Danube, et d'où
l'œil peut contempler la ville de Lintz et les
sites magnifiques qui l'environnent.

Pendant ce séjour le Roi célébra son soixante-dix-neuvième anniversaire ; il fut affable, affectueux, gai même. Cependant, au moment où Mademoiselle, avec sa grâce remarquable, lui exprima les vœux qu'elle formait pour lui : « Mon enfant, lui répondit-il, le Ciel m'accorde de commencer avec vous cette quatre-vingtième année ; il est probable qu'elle ne se terminera pas de même. » Une larme roula dans les yeux de l'aimable princesse ; elle feignit toutefois de n'avoir pas compris son grand-père, et détourna l'entretien avec une grande présence d'esprit. Mais Charles X, venant à quelques-uns d'entre nous, nous dit : « Oui, il ne s'écoulera pas long-temps d'ici au jour où vous ferez les funérailles du pauvre vieillard !.. »

Le Roi se dirigea sur Saltzbourg, pour y visiter la princesse de Beyra et les enfants de Charles V. A l'aspect du chef vénérable de sa famille, l'aîné des jeunes princes, les yeux mouillés de larmes, se jeta dans ses bras, avec une vive expression d'amour et de respect. Le Roi le pressa sur son cœur, avec émotion,

ainsi que ses frères..... il les bénit..... il leur
parla ensuite de la conduite héroïque de don
Carlos, en leur recommandant de faire tous
leurs efforts pour se montrer dignes d'un tel
père.

Madame la princesse de Beyra s'entretint
longuement avec lui. Le Roi admira la fermeté
de son âme et l'élévation de son caractère.
Elle soutient, sans se plaindre, une situation
pénible et les privations de tout genre aux-
quelles elle est condamnée, s'attachant avec
constance à donner tous ses soins à l'éducation des fils de don Carlos. Elle-même fit remarquer au Roi que les ennemis de sa famille,
cherchant tous les moyens de lui nuire, avaient
calomnié ces jeunes princes, en les accusant
d'être dépourvus de toute instruction. « Cependant, dit-elle, ils étudient avec suite et avec
zèle tout ce qu'ils doivent savoir. Votre Majesté peut se convaincre que l'aîné s'exprime
facilement en français et en anglais. Les deux
plus jeunes parlent la seconde de ces langues.
Depuis que nous sommes dans les Etats autri-

chiens, ils apprennent l'allemand... On les accuse aussi de ne pas monter à cheval... Il est
vrai que nos ressources actuelles ne nous per-
mettent ni d'avoir ni de louer des chevaux, et que
je suis réduite, pour les endurcir aux fatigues,
à leur faire gravir à pied les rochers et les
montagnes ; mais il n'est pas jusqu'au dernier
des trois, qui, malgré la faiblesse de son âge,
ne soit resté à cheval pendant quatorze heures,
auprès de son père, lorsque nous étions à l'armée de Portugal. »

Les fils de don Carlos s'empressèrent de lier
connaissance avec nos jeunes princes. Madame
la princesse de Beyra se montra enchantée de
la cordiale politesse de Charles X, de son aspect à la fois imposant et affable, de l'esprit
et de la noble physionomie du duc de Bordeaux,
de la grâce et de l'amabilité de Mademoiselle.

Après deux jours passés dans les épanche-
ments d'une estime et d'une affection mutuelle,
se séparèrent avec regret ces deux familles
doublement unies par la communauté de leur
origine et la similitude de leurs malheurs.

Le reste de la route se passa sans incident remarquable. Le Roi parcourut avec satisfaction les riantes vallées de la Drave, les Alpes majestueuses de l'Illyrie, les chemins hardis qui les traversent, et surtout la route nouvelle qui depuis la Ponteba suit le cours du Tagliamento. Un soleil pur et brillant nous offrait ces diverses contrées dans toute leur pittoresque magnificence.

CHAPITRE IV.

SOMMAIRE DU CHAPITRE IV.

GORITZ. — EFFET DE LA BORA. — LE JOUR DE FÊTE
SUIVI DU JOUR DE MORT.
ARRIVÉE DU MARQUIS DE CLERMONT-TONNERRE.
LE PRINCE DE HESSE-HOMBOURG.
LE CARDINAL DE LATIL ANNONCE AU ROI
SA FIN PROCHAINE.
L'ÉVÊQUE D'HERMOPOLIS EXHORTE LE ROI MOURANT.
CHARLES X PRIE POUR LA FRANCE.
IL LA BÉNIT.... IL PARDONNE A SES ENNEMIS.,..
IL EXPIRE.

CHAPITRE IV.

—

Arrivés à Goritz, aucun de nous ne parut
moins fatigué que le Roi. Le bonheur de retrouver son fils et madame la Dauphine avait
donné à sa conversation encore plus d'intérêt
et de charme. Presque chaque jour il parcou-
rait la ville et se promenait dans les environs,
seul à pied, à des distances considérables. Nous

admirions la force de cette santé qui semblait affronter également les ans et les malheurs ; et lui-même fit la remarque, à cette époque, qu'en dépit de ses adversités, il avait dépassé l'âge des rois ses prédécesseurs. « Ma vie, nous disait-il, a été plus longue que celle de mes ancêtres ; mais de cruels malheurs, et trente années d'exil, loin de mon pays, l'ont souvent rendue bien amère. »

Deux événements firent sur lui une impression profonde à cette époque : la délivrance des prisonniers de Ham, dont la longue captivité l'affligeait sincèrement, et la mort du comte de Chabrol, l'un de ses anciens ministres. Il m'apprit cette nouvelle, en ajoutant : « Vous souvient-il que vous voulûtes vous retirer du ministère, et que vous m'apportâtes votre portefeuille en même temps que Courvoisier et Chabrol ? Vous seul de trois avez survécu..... eux seuls ne sont plus de tous mes ministres de cette époque !.... C'étaient des hommes de bien et de talent. Chabrol était un administrateur habile, instruit, intègre, animé des intentions les plus droites... Hélas! chaque jour je vois disparaître des hommes honorables que j'ai connus, que j'ai aimés, qui pour la plupart étaient nés longtemps après moi!.... Chacune de ces pertes m'avertit de ma fin prochaine!... Je l'attends avec calme... et cependant il m'est triste de penser que je ne reverrai plus la France! »

La température changea brusquement. La Bora vint à souffler avec violence; des tourbillons de neige encombrèrent les montagnes; un froid vif pénétrait jusque dans nos veines. Nous fûmes tous malades. Le Roi sembla seul invulnérable et s'occupa, avec sa bonté habituelle, de ceux qui souffraient. Aucune altération ne se manifestait dans son extérieur. Seulement depuis quelques jours, il nous paraissait plus préoccupé que jamais de sa patrie; il en rappelait les souvenirs avec vivacité; il était impatient d'en apprendre des nouvelles; on voyait en lui l'expression d'un sentiment inquiet, il paraissait agité de ce qu'on appelle vulgairement le mal du pays. Il finissait tou-

jours ses entretiens par prononcer des vœux
pour le bonheur de la France ; car jamais cœur
ne fut plus français que le sien.

Cependant, le 1er novembre, il eut une incommodité légère en apparence, et qu'il dis-
simula ; elle ne changea rien à ses habitudes :
il célébra en vrai chrétien la grande fête des
élus. Le lendemain, il assista au service pour
les morts. Placé entre ses deux petits-enfants,
il leur paraphrasa le *Dies iræ* avec une chaleur
d'expression qui les émut vivement. « En son-
geant aux fautes de ma vie, leur dit-il, je ré-
pète avec confiance cette strophe touchante,
remplie d'un espoir céleste : *Recordare, Jesu
pie, quod sum causa tuæ viæ....* » Au retour,
il nous dit aussi : « C'est une pensée salutaire
que celle de notre fin inévitable : elle nous fait
veiller sur les actions de notre vie ; elle est la
consolation de nos maux... J'ai subi de cruelles
épreuves, et je les ai patiemment supportées
dans l'espoir que Dieu m'en tiendrait compte
dans l'avenir..... »

Le 3, veille de son jour de fête, il eut à dîner

le comte et la comtesse de Gleisbach; M. de Gleisbach est le capitaine du cercle de Goritz, le chef de l'administration politique. Le Roi l'entretint, avec son aisance accoutumée, de tout ce qui pouvait intéresser un administrateur; il l'interrogea sur les pays confiés à ses soins, et lui exprima combien il était touché des égards dont l'entouraient les habitants. Pendant le repas, un corps nombreux de musique vint exécuter sous les fenêtres du Graffenberg divers morceaux d'harmonie. Charles X témoigna, avec grâce, combien il était sensible à cet hommage offert dès la veille à son jour de fête.

Ce jour-là même, l'arrivée du marquis de Clermont-Tonnerre, son ancien ministre, lui causa une véritable satisfaction. Dès qu'il en fut instruit, il se hâta de le faire appeler pour la soirée. Il l'accueillit avec une extrême bienveillance; lui et M. le Dauphin lui demandèrent nominativement des nouvelles d'un grand nombre d'officiers de terre et de mer, avec une étonnante fraîcheur de mémoire et un intérêt touchant, louant ceux qui leur étaient restés fidèles, en excusant beaucoup d'autres, rendant justice indistinctement aux talents de chacun d'entre eux, et ne prononçant le blâme de personne.

L'entretien se continua longtemps sur les souvenirs et sur les intérêts de notre pays; de récents événements durent y trouver leur place. M. de Clermont-Tonnerre déplorait l'indifférence avec laquelle les imaginations se familiarisaient aux tentatives de meurtre, et loin de montrer de l'intérêt pour la victime, le portaient sur l'assassin, pourvu que jusqu'au bout il montrât un sombre courage. « Comment, s'écria madame la Dauphine, ne pas frémir d'horreur à la pensée d'un homme assassiné entre sa sœur et sa femme!... — Je plains de tout mon cœur, dit le Roi, ceux qui sont actuellement en présence de haines aussi atroces et d'un si redoutable avenir; mais croyez-moi, Clermont, quand on peut rentrer dans sa conscience et qu'on n'y trouve que le sentiment du devoir et le désir du bien général, on est toujours prêt à subir

les arrêts de la Providence, quels qu'ils puissent
être... »

Le Roi témoigna de nouveau ses regrets sur
la mort de M. de Chabrol ; et M. de Clermont-
Tonnerre lui répondit que, d'après une lettre
qu'il avait reçue de l'ancien préfet de la Seine,
ce ministre, expirant avec une grande résignation religieuse, avait manifesté à sa famille le
regret de n'avoir pas assez vécu pour voir finir
les malheurs de la France et l'exil du vertueux
Charles X.

« Donnez-moi des nouvelles de vos autres
anciens collègues, demanda le Roi... J'en ai eu
récemment de l'excellent et fidèle Damas...
Mais pouvez-vous m'apprendre quelque chose de
Villèle et de Corbière, ces hommes probes et habiles dont la retraite fut le signal de mes nouveaux malheurs ?... — Sire, répondit M. de Clermont-Tonnerre, la révolution de 1830, qui a si
rapidement usé toutes les renommées libérales,
a fait ressortir elle-même la haute intelligence
et l'intégrité de ces deux hommes d'Etat. M. de
Corbière conserve toujours sa vaste instruction,

cet esprit actif et juste qui pénètre la vérité des questions, et qui le rendait si remarquable dans le conseil. J'ai été voir récemment M. de Villèle, chez sa fille, en Normandie. Il est toujours le même ; un véritable sage, inébranlable dans ses principes, modéré dans leur application ; sa haute raison juge le présent avec calme, par cela même il est convaincu d'un meilleur avenir. »

Le 4, jour de la Saint-Charles, le Roi éprouva un saisissement de froid pendant la messe, vers neuf heures et demie. Il convint alors que depuis trois jours il ressentait une incommodité fatigante. Il n'eut pas la force d'assister au déjeuner ; mais, à onze heures, il reçut les hommages de tous les Français de notre colonie, et, plus tard, l'archevêque de Goritz, ainsi que plusieurs personnages considérables de la ville. Il donna aussi une audience d'une heure et demie à M. de Clermont-Tonnerre, qui fut frappé de l'activité de ses questions, de l'attention qu'il apportait aux réponses, de la présence de son esprit et de sa mémoire, de la vivacité, de l'élévation de ses sentiments, et qui s'étonnait avec nous que pendant plus de six années d'exil le Roi n'eût pas vieilli d'un seul jour.

Après ces audiences, Charles X commença à éprouver des douleurs et un malaise qui ne donnèrent pas encore d'inquiétudes. Il ne parut pas au dîner, où ses enfants portèrent sa santé avec un sentiment de tristesse. Immédiatement après, il se rendit dans le salon, où nous étions réunis. Nous fûmes frappés et profondément affligés du changement subit qui s'était opéré en lui : sa voix éteinte avait quelque chose de caverneux, sa physionomie et ses traits semblaient frappés d'une caducité soudaine. « Je me sens bien faible, dit-il, mais j'ai voulu vous voir encore et vous remercier des vœux que vous venez de former pour moi. » Il resta debout quelques instants, adressant des paroles de bienveillance à sa famille et aux dames qui l'entouraient. Il se retira bientôt, nous laissant en proie à de vives inquiétudes, à de tristes pressentiments, quoique nous fussions bien loin de soupçonner quelle était la nature du mal.

Dans la nuit, son état s'aggrava ; des vomissements se déclarèrent, des crampes violentes fatiguèrent tous ses membres et se manifestèrent jusque dans la région du cœur. M. le docteur Bougon reconnut alors les symptômes caractéristiques d'une violente attaque de choléra. Craignant l'effet funeste des spasmes répétés, il envoya réclamer les secours religieux ; il fit appeler sur-le-champ le docteur Marini de Goritz ; une estafette fut expédiée à Udine, pour faire arriver sans retard le docteur Marcolini, très-estimé pour son savoir et son expérience. M. le duc de Blacas se hâta d'aller prévenir M. le Dauphin et madame la Dauphine, qui accoururent auprès de Charles X. Nous nous empressâmes tous de nous rendre au Graffenberg, dès que nous apprîmes ces tristes nouvelles.

Le Roi souffrait beaucoup ; les accidents se succédaient avec activité ; les crampes se renouvelaient à chaque instant. M. le cardinal de Latil, averti par le duc de Blacas, s'approcha du lit du Roi mourant ; faisant un appel à sa foi, à son courage religieux, il lui parla de la nécessité de recevoir les secours de l'Eglise. Charles X les réclama avec empressement et sans émotion. « J'ai bien souffert cette dernière nuit, dit-il, mais je ne pensais pas que cette maladie dût tourner si court. » Pendant qu'on se disposait à lui donner l'extrême-onction, il continua à s'entretenir tranquillement avec le cardinal; et tout à coup lui serrant la main : « Recevez mes remercîments, dit-il, je vous dois beaucoup... je vous dois la résignation de ma vie, et le calme dont je jouis en présence de la mort... je vous dois beaucoup! » répéta-t-il... Et sans doute, dans cet instant, le religieux monarque se souvenait que ce fidèle compagnon de ses malheurs avait assisté un autre mourant..... En voyant au chevet du lit de Charles X le cardinal et le docteur Bougon, nous étions frappés de cette pensée que c'étaient les deux mêmes hommes qui avaient porté les secours de la terre et du ciel à l'infortuné duc de Berry.

Le Roi répondit à toutes les prières pendant

l'extrême-onction. Les médecins avaient déclaré que, vu la nature de sa maladie, il ne pouvait recevoir le saint viatique. Il se soumit sans
réclamation, et ce fut sans doute un pénible
sacrifice pour son cœur religieux. On célébra
la messe près de son lit. Il demanda son livre,
et il suivait les prières avec recueillement, pendant les intervalles où les crampes lui laissaient
quelque liberté.

Après la messe, le vénérable évêque d'Hermopolis, relevant à peine de maladie, et profondément attristé par la nouvelle récente de la
mort de son frère, vint exhorter le Roi mourant, avec une éloquence douce et touchante ;
il lui exposait que les malheurs de sa longue
existence devaient se représenter à lui comme
la plus chère consolation de ses derniers moments. Le Roi répondait avec tranquillité et
présence d'esprit... C'était un noble spectacle
que ces deux vieillards chrétiens, l'un souffrant
et affligé, l'autre expirant sans faiblesse et sans
murmure, s'entretenant avec calme de l'éter-
nité, sur le seuil d'une tombe entr'ouverte,

et unissant leurs débiles voix pour louer Dieu des cruelles épreuves de la vie!..... Le Roi se recueillit un instant; il pria pour la France... il la bénit..... et quand l'évêque lui demanda s'il pardonnait de nouveau dans ce moment suprême à ceux qui lui avaient fait tant de mal : « Je leur ai pardonné depuis longtemps, répondit-il, je leur pardonne encore dans cet instant, de grand cœur... que le Seigneur fasse miséricorde à eux et à moi!... » Oh ! que n'ont-ils pu l'entendre ce proscrit octogénaire, victime d'un fléau terrible qui terminait un demi-siècle de calamités inouïes, ouvrir sa bouche mourante, non pour les maudire, mais pour les bénir!.....

Les deux jeunes princes vinrent éplorés serrer dans leurs bras leur grand-père mourant. Le médecin avait cru de son devoir de demander qu'on les éloignât, vu le danger du mal. Ils exprimèrent tous deux qu'aucune crainte ne saurait les empêcher de remplir le devoir le plus sacré, et de suivre les sentiments de leur cœur. Le Roi les embrassa avec tendresse ; déjà

ses forces épuisées ne lui permettaient presque plus de proférer une parole..... Il étendit
ses mains sur leurs têtes. « Que Dieu vous
protége, mes enfants, leur dit-il d'une voix
éteinte; marchez devant lui dans les voies de la
justice... ne m'oubliez pas... priez quelquefois
pour moi. »

Le prince Philippe de Hesse - Hombourg,
commandant supérieur militaire de la Styrie
et des provinces illyriennes, venait d'arriver de
Gratz; son intention avait été de se trouver à
Goritz, le jour de Saint-Charles, pour compli-
menter le Roi. Les neiges amoncelées dans les
montagnes avaient retardé sa marche. Il fit
demander de venir saluer la famille royale;
car on ignorait encore dans la ville la triste
situation où se trouvait le Roi. M. le Dauphin
m'envoya vers le prince pour l'en instruire.....
Quand je lui annonçai que le roi Charles X
se mourait atteint du choléra, il resta comme
frappé de la foudre : des larmes mouillèrent les
yeux de ce généreux soldat. « J'étais parti pour
assister à sa fête, dit-il..... quelle terrible des-

tinée! — Et quel enchaînement de malheurs supportés avec constance! lui répondis-je..... Votre Altesse ne l'a pas oublié; il y a trois ans, vous vîntes célébrer avec nous le soixante-seizième anniversaire de Charles X, dans l'auberge d'une petite ville, tandis que ce prince infortuné gisait malade dans une chambre étroite, sans rideaux et sans feu... » Le prince de Hesse, profitant d'un moment plus calme, vint offrir à la famille royale tous les services qui dépendaient de lui, avec ces sentiments élevés et généreux qui le caractérisent.

Les symptômes du mal se maintenaient, mais les crampes étaient moins fréquentes; il y avait une apparence d'amélioration. Les médecins annoncèrent que, dans la nuit, se manifesterait une réaction qui déciderait du sort de l'auguste malade; ils ne cachèrent pas que le grand âge du Roi leur laissait peu d'espérance.

La présence et la liberté d'esprit se maintenaient encore. Dans un moment de calme le Roi demanda à M. le duc de Blacas : « Est-ce vous qui le premier avez eu la pensée de me

faire administrer les derniers sacrements ? —
Non, Sire, c'est M. Bougon qui l'a demandé.
— C'est bien : je suis bien aise que le docteur
ait rempli, avec conscience et courage, un
tel devoir, il y a vingt ans qu'il me l'avait
promis. »

Les accidents de la maladie se calmèrent : le
Roi semblait reposer. Vers sept heures et demie
la réaction annoncée se manifesta : le pouls re-
prit quelque action; les pieds se réchauffèrent...
une lueur d'espérance vint consoler la famille
royale et ses serviteurs affligés..... Le malade
ne pouvait parler; il sourit plusieurs fois à son
fils et à madame la Dauphine... Notre joie ne
fut pas longue... L'âge du Roi ne permit pas
que la réaction s'accomplît...... les forces vi-
tales s'affaissèrent dans cette lutte impuissante.

Assisté de MM. Jocquart et Trebuquet, l'é-
vêque fit les prières des agonisants. Le Roi
n'articulait plus un seul mot; mais par les in-
flexions de sa voix, il répondait aux exhorta-
tions que lui adressaient les ecclésiastiques.

Son état était calme, on n'entendait aucun

gémissement, rien qui ressemblât au râle des mourants ; on ne remarquait aucun signe qui présentât l'idée d'une agonie. Les forces semblaient s'éteindre graduellement dans un profond sommeil.

Cependant rien ne ralentissait les soins assidus qui luttaient contre le refroidissement complet du mourant.

Le 6, à une heure un quart du matin, le docteur Bougon annonça que le Roi n'avait plus que quelques instants à vivre. Nous tombâmes tous à genoux autour de son lit. M. le Dauphin, priant avec ferveur, respirait le souffle de son père. Seule debout aux pieds du Roi, les mains jointes avec contraction, madame la Dauphine semblait présider cette nouvelle scène de douleur. A une heure et demie, sur le signe expressif du docteur Bougon, le duc de Blacas se pencha vers M. le Dauphin, et lui dit quelques mots à voix basse... Ce prince, avec un profond sentiment de vénération, ferma les paupières de Charles X..... et au milieu du silence et du saisissement de la douleur, les sanglots déchirants de la fille de Louis XVI annoncèrent qu'un sacrifice royal venait encore d'être consommé.

Ainsi, après tant de malheurs, proscrit, chargé de chagrins et d'années, expirait, loin de la France, le dernier de ces trois frères rois qui sont morts si dignement sur l'échafaud, sur le trône et dans l'exil. Dans l'intervalle, il est vrai, était mort aussi dans les ténèbres et l'isolement des cachots un roi, dont l'innocente enfance ne put désarmer la longue atrocité de ses bourreaux.

Après quelques instants, madame la Dauphine s'écria : « Tant que le Roi a existé, mon neveu remplissait un devoir sacré, en restant près de lui : actuellement mon devoir est d'empêcher qu'il coure un danger inutile... je veux l'emmener sur-le-champ. » Et elle le conduisit immédiatement dans son habitation, à une extrémité opposée de la ville.

Nous restâmes atterrés auprès des restes de ce Roi, dont la vie, si longtemps en butte à de terribles orages, venait de s'éteindre par l'action d'un fléau destructeur. Ses traits étaient calmes... une expression de résignation et de piété était empreinte sur sa figure; son attitude était celle d'une fervente prière.

Il nous semblait que de ce lit de mort arrivait à notre cœur ce passage si pénétrant de Job : « *Miserere mei, miserere mei, vos saltem amici mei quia manus Dei tetigit me!*..... Pleurez, pleurez sur mon sort, vous du moins, mes amis, parce que la main de Dieu s'est appesantie sur moi!..... » Et d'abondantes larmes coulèrent de nos yeux.

Nous nous entretenions des mystères d'une telle destinée dont les malheurs se lient au demi-siècle de perturbations et de calamités qui bouleversent la France et l'Europe. « Et puisqu'il n'est pas permis à des particuliers de faire des leçons aux rois sur des événements aussi étranges[1], » nous regrettions que la puissante voix de Bossuet ne pût faire tonner sur ce cercueil les terribles paroles du pro-

---

[1] Bossuet, *Oraison funèbre de la reine d'Angleterre.*

phète-roi : « *Et nunc reges intelligite, erudi-mini qui judicatis terram!...* Et maintenant comprenez, ô rois! instruisez-vous, vous qui gouvernez la terre! »

CHAPITRE V.

CHAPITRE V.

—

M. le duc de Blacas rédigea l'acte de décès
du Roi; et pour constater sa mort d'une manière authentique, il se fit assister du capitaine
de cercle comte de Gleisbach, de M. Billot, ancien
procureur général, et de moi. Nous nous rendîmes dans l'appartement de Charles X; et après
avoir déclaré que nous reconnaissions l'identité

de ses restes, nous apposâmes nos signatures à l'acte mortuaire.

Le Roi resta exposé sur son lit. Le peuple de Goritz fut admis à visiter les restes de ce prince bienfaisant, dont il chérissait déjà la présence. Des religieux veillaient en prière près de lui, et les saints mystères étaient célébrés dans l'appartement drapé de noir.

Nous nous occupâmes aussi de rechercher si, parmi les papiers du Roi, il n'existait pas quelque disposition relative à ses funérailles. Ces papiers consistaient en lettres de diverses époques, en notes, en mémoires, sans utilité actuelle : nous trouvâmes seulement un testament fait en Angleterre en 1804. Il ne renfermait aucune des dispositions que nous avions cru devoir rechercher. Nous remîmes tous ces papiers dans une cassette dont la clef fut enveloppée sous un triple sceau, et remise immédiatement à M. le comte de Marnes : c'est le nom adopté par M. le Dauphin.

Nos travaux furent interrompus par l'arrivée du gouverneur de Trieste. Averti par le prince de Hesse de la grave maladie du Roi, il était parti en toute hâte pour Goritz, conduisant avec lui le médecin en chef des hospices, dont il avait pensé que l'habileté et l'expérience pourraient être utiles à l'auguste malade. M. de Weingarten, c'est son nom, dit à M. de Blacas que, sans attendre les ordres de son gouvernement, dans des circonstances aussi funestes, il se mettait entièrement à la disposition de la famille royale. Il se montra surpris d'ailleurs qu'un fléau disparu de Trieste, et qui semblait étranger à Goritz, eût frappé, au milieu de toute cette population, une seule victime... le roi Charles X!.... Il demanda que le médecin arrivé avec lui assistât à l'autopsie qui devait précéder l'embaumement du corps.

C'est le lendemain qu'eurent lieu ces tristes cérémonies. Après un rapport du docteur Bougon sur les circonstances de la maladie et de la mort du Roi, M. le duc de Blacas fit la remise du corps aux médecins : celui de Trieste s'était joint aux trois autres. Ils firent transporter ces restes dans une salle d'avance dis-

posée pour leurs travaux. Nous ne voulûmes
pas abandonner le duc de Blacas, malade, dans
les tristes fonctions de sa charge, M. Billot et
moi nous assistâmes à l'autopsie, où se trouvait aussi M. le baron de Saint-Aubin. Le corps
était sain, bien conformé, d'une blancheur parfaite ; il avait conservé une apparence de jeunesse bien surprenante dans un octogénaire.
L'inspection des viscères indiqua plusieurs
symptômes cholériques, regardés comme décisifs par M. le docteur Bougon, qui dirigeait
l'autopsie, ainsi que par les docteurs Marini et
Marcolini ; mais contestés comme douteux par
le médecin de Trieste, jusqu'au moment où
l'examen du cœur ne laissa plus la moindre
hésitation sur la nature du mal : on le trouva
rempli de sang carbonisé, caractère essentiel
et spécifique du choléra.

Après ces recherches qui durèrent deux
heures, nous nous retirâmes, péniblement
émus d'un spectacle qu'on ne peut presque
soutenir, même quand il s'agit d'un inconnu,
mais qui est au-dessus de toute force d'âme,

lorsqu'on voit sous le scalpel les restes de celui qu'on était accoutumé d'entourer d'attache-ment et de vénération, dont la veille encore on avait éprouvé toute la bienveillance. Le duc de Blacas, souffrant et malade, fut plusieurs fois au moment de défaillir : toutefois il ne voulut jamais se retirer que son devoir ne fût entièrement accompli.

Le corps fut embaumé ainsi que les entrailles, qui furent replacées dans leurs cavités ; le cœur fut mis dans une boîte de métal ; deux caisses de bois de chêne devaient envelopper le cercueil de plomb destiné au Roi.

Une chapelle ardente avait été disposée dans le salon attenant à la chambre à coucher. Sur trois gradins entourés de flambeaux funéraires aux écussons de France, s'élevait le cercueil, surmonté d'une couronne. Le service particu-lier du Roi, des factionnaires et des religieux veillaient auprès. La population de tout le pays accourait en foule autour de ces tristes restes. Tous, en jetant l'eau bénite sur le corps, avaient un air de recueillement et de douleur. « Nous le regrettons comme s'il eût été notre souverain, disaient-ils ; il était si bon, si charitable ! nous le voyions si souvent se promener seul au milieu de nous, nous saluant avec tant d'affabilité. Chaque jour, il venait se placer, sans distinction, dans nos rangs, pour la prière qu'il faisait avec tant d'humilité et de recueillement. Ce nous est un grand chagrin de l'avoir conservé si peu de temps ce roi si bon, si respectable !... Nous chercherons à remplacer, par nos regrets à son convoi, le peuple qu'on a privé de sa présence. »

Au milieu de cette foule attendrie se trouvait un Français, un vieux soldat jeté loin de son pays par les chances de la guerre; il s'était établi à quelques lieues de Goritz. Ayant appris l'arrivée du roi de France dans cette ville, il était venu pour lui offrir ses vœux et ses hommages... il ne salua qu'un cercueil.

Le soir, les premières vêpres des morts furent célébrées dans la cathédrale avec une lugubre solennité, en présence de la famille de Charles X.

Le 11, à neuf heures et demie du matin, M. le comte de Marnes, suivi du prince son neveu, se rendit au Graffenberg pour les funérailles. Nous trouvâmes déjà réunies les troupes de la garnison, la garde bourgeoise avec leurs corps de musique et leurs tambours drapés; toutes les personnes de distinction du pays, les militaires, les magistrats, la noblesse et la bourgeoisie en deuil, ayant à leur tête le capitaine de cercle.

Le prince-archevêque de Goritz, en habits pontificaux, assisté de son chapitre, de tout son clergé et des ordres religieux, fit la levée du corps en présence des princes.

Le cortége sortit du Graffenberg. Des pauvres portant des flambeaux, les religieux et le clergé ouvraient la marche. L'archevêque était placé immédiatement avant le corps, qui était porté sur un char funèbre attelé de six chevaux drapés et surmonté d'une couronne. De droite et de gauche, des valets de pied portaient des torches ornées d'écussons aux armes de France. Nos deux princes suivaient à pied couverts de

longs manteaux noirs : ils avaient auprès d eux
M. le duc de Blacas, portant le collier des ordres; M. le comte de Bouillé, aide de camp du
Roi[1], et M. le comte O'Hegerthy, écuyer-com-
mandant. Nous marchions après, nous Français, serviteurs de Charles X. Le marquis de
Clermont-Tonnerre était dans nos rangs avec
son fils aîné... Ils avaient cru arriver pour une
fête. Le capitaine de cercle nous suivait à la
tête de la population en deuil; les troupes bor-
daient la haie et fermaient le convoi.

Après un long détour pris à cause des des-
centes et des montées trop rapides, nous en-
trâmes dans la ville. Les magasins étaient fer-
més, les fenêtres de plusieurs maisons étaient
drapées de noir. Nous parvînmes à la cathédrale, où se pressait une foule nombreuse. Les
dames étaient en deuil. Les deux princesses
attendaient le service funèbre dans une tribune
au-dessus du chœur. Dès que le corps fut placé
sur un catafalque élevé au centre de l'église,

[1] M. le comte de Bouillé remplit les fonctions de
gouverneur du jeune prince.

commença une messe de *requiem*, exécutée par de nombreux musiciens et par un puissant orchestre. L'exécution, fort supérieure à ce qu'on pourrait attendre dans une ville de cet ordre, se ressentait du mélange des qualités musicales allemandes et italiennes. Nos âmes étaient profondément émues; le recueillement et la douleur étaient empreints sur toutes les figures. Les belles prières pour les morts que prononçait le clergé, les effets pénétrants des chœurs de musique vibraient jusque dans nos entrailles... Mais parmi toutes ces voix qui faisaient retentir les chants funèbres, toutes ces bouches qui priaient, toutes ces mains qui s'élevaient pour bénir... pas une seule qui fût française!... Et nous, malheureux exilés, trop loin de notre patrie pour qu'elle eût appris encore la mort de Charles X, nous réfléchissions avec amertume, que, dans ce moment, en France, aucune pensée ne répondait à notre pensée, aucune douleur ne s'associait à notre douleur!... Nous nous sentions comme isolés dans notre affliction; car ces troupes, ce clergé, cette population en deuil qui pleurait le vieux Roi de France, tout se trouvait étranger à notre patrie.

Après les absoutes, nous nous remîmes tristement en marche dans le même ordre ; nous traversâmes une partie de la ville, et nous gravîmes péniblement jusqu'à la hauteur qui domine Goritz et la belle vallée de l'Isonzo ; là est situé le couvent des Franciscains. Le corps de Charles X fut porté dans leur église.

En parcourant le chemin de cette montagne, le duc de Blacas se rappela avec douleur que, quelques jours auparavant, Charles X, frappé de cet aspect pittoresque, lui avait dit : « Je tiens à aller aux Franciscains ; vous m'y accompagnerez incessamment. » Ni l'un ni l'autre ne prévoyait alors comment ce projet devait se réaliser.

L'archevêque, entouré du chapitre et des religieux, prononça les dernières prières sur le cercueil, qui descendit avec lenteur et difficulté dans l'étroit caveau qui doit lui servir d'asile, jusqu'à ce qu'il plaise à Dieu de faire cesser l'exil de ces cendres augustes. Les deux princesses étaient présentes au bord de cette tombe; elles étaient venues rendre ce dernier devoir à celui dont la mémoire leur est si chère.

Les difficultés que présentait l'entrée étroite du caveau avaient exigé que, pour y faire parvenir les restes de Charles X, on les plaçât dans un cercueil provisoire. Le lendemain, 12, nous nous rendîmes de nouveau sur la montagne; on nous conduisit, par le jardin, dans les souterrains funéraires, jusqu'au caveau où l'on avait déposé le corps du Roi. Le provincial de l'ordre, assisté de tous ses religieux, était dans l'église, sur les bords de la tombe, dont on avait enlevé la lourde pierre, aux armes de l'antique maison de Thurm. Par une étrange coïncidence, dans ces armes se trouvent deux sceptres fleurdelisés, semblables au sceptre du Roi de France. Quatre fleurs de lis en ornent l'encadrement.

Le duc de Blacas, le comte de Bouillé, M. Billot, le baron de Saint-Aubin et moi, nous restâmes dans le caveau. On avait placé dans ce sombre asile le triple cercueil, où l'on avait préparé une couche d'aromates. Les gens du service du Roi enlevèrent le corps de la bière provisoire, et le couchèrent dans le cercueil de plomb. L'action des spiritueux employés à l'embaumement avait assoupli la roideur cadavérique ; les membres ployèrent comme ceux d'une personne endormie. Dans les ténèbres du sépulcre, qu'une lampe éclairait à peine, nous contemplâmes encore cette grande figure blanche, complétement enveloppée des bandelettes funèbres, et le visage voilé d'un suaire... C'était donc là tout ce qui nous restait ici-bas de ce vénérable successeur de tant de rois de France, de ce prince qui, sur le trône et dans un long exil, nous avait révélé toute la noblesse de son âme bienveillante!..... Assisté de quelques hommes de l'art, le docteur Bougon répandit sur le cadavre une grande quantité d'alcool ; ensuite, tous les vides du cercueil furent soigneusement remplis de poudres aromatiques... et le corps de Charles X disparut graduellement à nos yeux pour toujours.

Le docteur Bougon déclara alors qu'il remettait à M. le duc de Blacas le corps embaumé du Roi Charles X. Il remit aussi séparément le cœur dans une enveloppe de plomb, qui fut soudée en notre présence, et renfermée dans une boîte de vermeil, sur laquelle se trouve gravée une inscription mortuaire. Le duc de Blacas en retira la clef.

On scella devant nous le cercueil de plomb, et son enveloppe de chêne sur laquelle on assujettit avec des vis la boîte de vermeil. Le cercueil extérieur fut fermé par-dessus. Il est couvert de figures emblématiques, peintes en détrempe. Le couvercle porte le génie de l'espérance s'appuyant sur la croix. Sur la face, vers l'entrée du caveau, on voit une tête de mort couronnée; et au-dessous, sur une plaque de cuivre jaune, l'inscription suivante :

Ci-gît

Très haut, très-puissant et très-excellent prince

CHARLES X[e] du nom,

Par la grâce de Dieu Roi de France et de Navarre,

Mort à Goritz, le 6 novembre 1836,

Âgé de 79 ans et 28 jours.

Après une prière sur le cercueil de notre Roi,

nous lui dîmes un triste et dernier adieu. L'on mura la communication de la sépulture avec les autres souterrains ; et nous fîmes replacer la pierre tumulaire sur cette tombe que nous confiâmes à la garde des religieux.

Deux de ces Franciscains parlaient notre langue, le provincial, et un vieux soldat qui, jadis appelé par la conscription, avait fait de nombreuses campagnes, était criblé de blessures, et, après cette vie agitée, était venu chercher le calme et la paix de l'âme dans cette retraite. Le provincial nous dit que les restes de Charles X seraient, pour lui et pour ses frères, l'objet d'une profonde vénération, comme ils l'étaient d'ailleurs pour toute la population de Goritz.

Nous nous entretînmes quelque temps avec ce bon religieux ; il nous accompagna hors de l'église sur la plate-forme qui domine cette belle contrée ; et nous indiquant, au loin, une place vide dans Goritz : « Là, dit-il, fut autrefois notre ancienne demeure ! les Français la détruisirent. Un de leurs chefs nous envoya plus tard dans cette retraite actuelle, qui avait appartenu à des Carmélites. Sa situation isolée, favorable à la méditation et à l'étude, nous la rend bien chère. C'est au maréchal Marmont que nous devons ce couvent et l'église où vous venez de déposer le Roi Charles X. »

M. le Dauphin, le modèle parfait des fils soumis et des sujets fidèles, n'avait connu, pendant la vie de Charles X, d'autre devoir qu'une obéissance complète à ses volontés ; devenu chef de sa famille, il en a décidé les plus hauts intérêts, avec cet oubli de lui-même, cette fermeté de conscience, cette probité loyale, qui l'ont recommandé à l'estime de tous, même de ses ennemis, et qui faisaient dire, avec tant de raison, par un homme d'Etat, administrateur habile : « Si M. le Dauphin monte sur le trône, nous aurons un règne d'économie, de justice, et de sévère probité. »

M. le comte de Marnes s'empressa de donner à l'empereur d'Autriche et aux autres souverains la nouvelle de cette funeste catastrophe ; mais avant que ses lettres fussent parvenues à

Vienne, des estafettes expédiées par le prince
de Hesse avaient fait connaître au gouvernement autrichien la mort du Roi. L'Empereur
envoya sur-le-champ à Goritz le comte de Witt-
genstein, chargé d'apporter les lettres de la famille impériale. L'Impératrice régnante, l'Impératrice mère, l'archiduchesse Sophie pei-
gnaient leur vive douleur de la mort de ce respectable Roi qu'elles vénéraient comme un père,
avec des expressions qui ne peuvent partir que
d'âmes aussi élevées et aussi profondément
émues.

Dans une lettre adressée au duc de Blacas,
le prince de Metternich faisait connaître les
sentiments et les intentions de l'Empereur.
Vivement affligée de cette mort inattendue, Sa
Majesté Impériale voulait que les obsèques de
Charles X fussent célébrées à Vienne, et que
le deuil fût porté par la cour, comme si le Roi
de France était mort aux Tuileries. Il deman-
dait que, jusqu'à des temps plus heureux, les
restes du vénérable monarque fussent placés
dans les tombes impériales auprès de ceux de

l'empereur François, afin que sur la terre re-
posassent ensemble ces deux justes, dont les
âmes étaient sans doute réunies dans le sein de
Dieu. Il manifestait de nouveau ses regrets de
ce que la famille royale avait quitté le palais de
Prague, et la pressait d'y porter de nouveau
son établissement.

Ces lettres versèrent un baume de consolation dans ces cœurs déchirés. L'hommage
rendu avec tant de sentiment à la mémoire
d'un père vénéré parlait vivement au cœur de
ses enfants, si tendres et si respectueux.

Quelques jours plus tard, l'Empereur envoya
à Goritz, pour porter sa réponse à la communication de M. le comte de Marnes, le général
comte de Coudenhoven, l'un de ses chambel-
lans. Le comte de Coudenhoven était le même
que l'empereur François avait envoyé, quatre
ans auparavant, à la frontière de ses Etats, pour
y recevoir Charles X et le conduire dans le château royal de Prague. La famille royale, qui
avait été touchée de son empressement et de
ses soins respectueux, ne l'avait pas revu depuis

cette époque. Ce ne fut pas sans une vive émotion qu'elle reçut le comte de Coudenhoven; sa présence renouvela de si pénibles souvenirs. Tout ce qu'il nous rapporta de Vienne, toutes les lettres qui nous arrivèrent de cette capitale nous prouvèrent que notre douleur y était vivement sentie, qu'elle y était franchement partagée.

CHAPITRE VI.

❖

CARACTÈRE DE CHARLES X. — SES HABITUDES DANS L'EXIL.

CHAPITRE VI.

—

Jusqu'aux derniers moments de sa vie, Charles X avait conservé sa physionomie noble et
bienveillante. Son regard et son sourire étaient
pleins de charme. Ses traits dans leur ensemble offraient un beau caractère ; sa taille haute
et bien proportionnée était imposante ; quelquefois il se penchait sur le côté gauche, et

nous concevions alors quelques inquiétudes pour sa santé. Sa mise était propre et soignée sans recherche. Il était ordinairement vêtu d'un simple habit bleu. Jamais, depuis qu'il était hors de France, il n'avait porté de décoration ; tous ceux qui l'entouraient imitaient son exemple.

Ses habitudes étaient régulières. Tous les jours, à neuf heures et demie, il entendait la messe avec une piété douce et touchante. A dix heures, la famille royale se réunissait dans son appartement ; et nous, les serviteurs de son exil, nous étions admis à leur déjeuner, qui durait à peine un quart d'heure. On restait jusqu'à onze heures dans le salon du Roi. Chacun se retirait alors pour vaquer à ses occupations.

Après s'être entretenu pendant quelque temps avec M. le duc de Blacas, et plus rarement avec quelque autre de ses serviteurs, Charles X restait seul dans sa chambre. Il lisait avec attention les journaux français, surtout ceux qui l'avaient attaqué si souvent et avec tant de passion et d'àcreté.... Il écrivait quelquefois. Plus habituellement il lisait des livres d'histoire. Le spectacle du passé, nous disait-il, l'aidait à prendre son parti des maux présents. A tant de différentes époques, il retrouvait ce mouvement actif des passions humaines, cette lutte incessante de la révolte contre l'autorité, du mal contre le bien, du crime contre la justice.

Quand le temps le permettait, il sortait seul à pied, et faisait des promenades assez longues dans les environs. Ses enfants craignaient pour lui cet isolement ; mais il était difficile de lui persuader de se laisser suivre. Les habitants, qui le connaissaient, se rangeaient à son passage, avec les témoignages d'une vénération profonde. Quelquefois cependant il sortait avec madame la Dauphine.

A quatre heures et demie, le Roi et sa famille allaient assister à la prière du peuple et au salut. Hors de Prague, le Roi se plaçait dans les mêmes bancs que la multitude ; et devant Dieu il semblait repousser soigneusement toute idée de distinction d'avec les chrétiens les plus humbles. Nous l'avons vu à Tœplitz, à une époque où il y était peu connu, suivre la procession de la Fête-Dieu, confondu dans les rangs du pauvre peuple.

Jamais foi plus vive et plus pure. Mais quoi qu'en aient pu prétendre des hommes passionnés ou mal instruits, jamais religion ne fut moins sévère et plus indulgente aux autres. Doux, affable, bienveillant dans ses relations, aimable, enjoué dans son entretien, il se contentait de faire le bien et de remplir ses devoirs sans ostentation ; laissant à chacun la liberté de se diriger suivant sa conscience. Loin d'être intolérants, ce prince et les siens sont tombés peut-être dans l'excès contraire ; car, jugeant toujours d'après leur cœur, ils n'ont presque jamais voulu croire aux mauvaises intentions des hommes les plus pervers.

A cinq heures et demie, la famille royale se rendait dans l'appartement de Charles X. On se réunissait au dîner, convenable, mais simple. Le Roi, ainsi que les princes, était peu difficile et peu recherché dans tout ce qui tient à la vie matérielle. Après le repas nous suivions le Roi dans son salon. Madame la Dauphine s'asseyait au centre avec Mademoiselle et les dames : elles causaient, en travaillant le plus souvent pour les pauvres. Charles X, habituellement debout, se promenait en s'entretenant avec nous des circonstances actuelles, ou des souvenirs des diverses époques de sa vie agitée. Jamais dans ses paroles on ne remarqua d'a- mertume. Quand des Français venaient le vi- siter, c'était le moment où il leur parlait, et les interrogeait avec le plus de détail sur tout ce qui pouvait intéresser notre pays.

A huit heures, il jouait une partie de wisth avec M. le Dauphin : il était d'une grande ha- bileté à ce jeu, et n'aimait pas à y voir commet- tre des fautes : il se laissait aller quelquefois à de légers mouvements d'impatience ; mais un instant après il témoignait son repentir, avec grâce, au partner qu'il avait grondé de sa né- gligence. Pendant le jeu, madame la Dauphine invitait les hommes à s'asseoir autour de sa table, et la conversation devenait plus générale et plus animée. A huit heures et demie, les jeunes princes se retiraient après avoir embrassé tendrement leur grand-père. Dès que la partie de wisth était terminée, M. le Dauphin prenait congé du Roi en baisant respectueusement sa main; madame la Dauphine se retirait aussi après un affectueux adieu.

Alors le Roi restait seul avec nous. Il s'efforçait de faire asseoir les dames; pour lui, il demeurait debout. Lorsque sa pensée était préoccupée de quelque événement, ou de quelque chagrin, et les chagrins, hélas ! ne lui manquaient pas, il tournait longtemps autour du salon, sans prononcer une parole, et plongé dans ses réflexions. Tout à coup il semblait se réveiller d'une léthargie. Alors il venait offrir aux dames des excuses sur ce qu'il appelait son impolitesse involontaire, et s'informait avec elles de tout ce qui pouvait intéresser leurs familles, ou leurs relations. Ordinairement il passait un quart d'heure à s'entretenir avec nous, presque toujours de la France. Il nous congé-

procès-verbal précédent, a fait procéder à l'exposition
du corps de feu Sa Majesté Charles X, sur le lit de parade, dans la chambre où Sa Majesté avait succombé ;
et préalablement il a fait remarquer et fait observer
à MM. les officiers de la chambre la continuation
des contractions qui au moment de la mort avaient
lieu dans tous les muscles de la face, la persistance de
l'état violacé des doigts, des orteils et du pourtour des
yeux, l'affaissement déjà très-prononcé des cornées
transparentes, enfin la roideur, comme tétanique, des
muscles des extrémités inférieures, et surtout de ceux
des mollets.

Puis, le corps de feu Sa Majesté, après avoir été
successivement lavé avec des eaux aromatiques et
frotté à plusieurs reprises avec des alcools également
chargés de substances aromatiques, a été placé dans le
lit, en suivant, à cet égard, les usages de la cour de
France.

Ledit procès-verbal fait et signé à Goritz, lesdits jour
et an que dessus, et ont signé.

BOUGON.   Baron BOURLET.
            LEGROS.
            BARTHELEMY MOORS.

N° 4.

Procès-verbal de l'ouverture et de l'examen anatomique du corps de feu Sa Majesté CHARLES Xe *du nom, roi de France et de Navarre.*

Aujourd'hui, sept novembre mil huit cent trente-six, les soussignés, déjà désignés au premier procès-verbal, se sont, en présence de Son Excellence Monseigneur le duc de Blacas d'Aulps, premier gentilhomme de la chambre du Roi ; de Son Excellence M. le comte de Montbel ; de M. Billot, ancien procureur général ; de M le baron Boulet de Saint-Aubin ; de M. Louis de Balklai, docteur en médecine, commissionné à cet effet par Son Excellence Monseigneur le gouverneur du littoral, et assistés de M. Joseph Marini, chirurgien municipal de la ville de Goritz, réunis, trente-six heures après la mort de Sa Majesté Charles X, pour l'ouverture et l'examen anatomique de son corps, et avant qu'il fût déplacé du lit de parade où il était exposé, ils ont remarqué : 1° un affaissement considérable des yeux par suite de l'absorption presque complète de leurs parties fluides ; 2° une grande contraction des doigts et surtout des pouces, qui s'appliquaient fortement sur la racine des annulaires ; 3° les ongles étaient très-noirs, des taches violacées recouvraient le dos des mains, on observait des marbrures noirâtres sur les pieds, et les orteils participaient de la couleur des doigts ; 4° enfin il y avait une rigidité considérable du tronc et des extrémités.

On a transporté ensuite le corps de Sa Majesté dans la salle destinée à l'examen anatomique, et là, les deux cavités thoracique et abdominale ayant été simultanément ouvertes, les soussignés y ont observé et fait observer :

1° Une injection évidente des extrémités capillaires veineuses dans le grand épiploon, aux différentes circonvolutions intestinales et spécialement à la petite courbure de l'estomac. 2° Ce viscère était fortement distendu par des gaz, tandis que toutes les autres parties du canal intestinal en contenaient très-peu. 3° L'estomac étant ouvert, a laissé échapper une grande quantité de liquide blanchâtre, semblable à celui que plus tard on a trouvé dans les gros intestins, et pareil à celui qui avait été rendu par le Roi dans la journée du cinq novembre. 4° La membrane muqueuse du duodénum était peu colorée par la bile, celle de l'iléum injectée dans les capillaires, et les glandes de Peyer et de Brunner sensiblement développées vers la fin de cette portion intestinale. 5° Cette injection veineuse existait encore, quoiqu'à un moindre degré, dans le cœcum, au commencement du colon, mais plus loin, on n'en apercevait plus aucune trace. 6° La consistance de toutes

les membranes intestinales, considérées dans leur ensemble, était flasque, et elles se laissaient facilement
détacher et diviser par les instruments. 7° La vésicule
était distendue par un fluide dense et noirâtre, le foie
injecté, mais cependant son volume et sa consistance
ne s'écartaient pas de l'état naturel. 8° La rate s'est
trouvée petite et mollasse, les reins dans l'état sain;
mais un calcul mural, du volume d'une amande, était
engagé dans le bassinet droit, et cependant Sa Majesté
n'avait jamais éprouvé aucune douleur à la région du
rein droit, jamais chez elle ni la sécrétion ni l'excré-
tion de l'urine n'avaient été troublées, mais à différentes époques de sa vie elle avait été atteinte par la
goutte. 9° En fendant les reins selon leur longueur, leur
parenchyme, d'ailleurs dans l'état normal, a laissé
sortir une très-petite quantité de sérosité muqueuse,
blanchâtre et n'ayant pas même l'odeur de l'urine.
10° La vessie contenait quelques gouttes d'une semblable
sérosité; ce viscère était très-contracté, et il paraissait y
avoir une légère injection vers son col. 11° Les poumons étaient sains, mais tout le droit adhérait fortement aux parois du thorax et particulièrement à la
partie supérieure. 12° Le volume du cœur était naturel,
mais son tissu musculaire était flasque, et le ventricule
gauche, qui contenait une grande quantité de sang noirâtre, poisseux et comme dissous, l'a laissé s'en échapper, à la manière d'un sirop, par l'ouverture aortique
et l'aorte, lorsqu'on a suffisamment incliné le cœur de

sa pointe vers sa base. Cet état pathologique du sang est d'ailleurs l'un des caractères spécifiques de la maladie qui a terminé si rapidement les jours de Sa Majesté, et il est en outre à noter qu'on n'a trouvé dans aucune partie du système vasculaire sanguin de sang coagulé.

La cavité cérébrale ayant été ensuite ouverte, on y a remarqué que le cerveau, le cervelet, la moelle allongée et leurs membranes étaient dans l'état naturel, à l'exception toutefois d'un peu d'injection qu'on observait dans la substance corticale, à la partie supérieure des hémisphères. Enfin, il faut observer ici que le système nerveux ganglionaire abdominal n'offrait aussi aucune altération dans son apparence et dans sa texture.

Maintenant, si de toutes ces observations anatomico-pathologiques, faites d'ailleurs avec le plus grand soin et dans le désir sincère de s'éclairer sur la nature de la maladie à laquelle a succombé Sa Majesté Charles X, les soussignés se rappellent 1° l'état déjà décrit du sang dans le cœur et dans les vaisseaux sanguins ; 2° les apparences des liquides trouvés dans l'estomac et dans le canal intestinal ; 3° la qualité de la bile vésiculaire ; 4° l'absence de l'urine dans les reins et dans la vessie, 5° l'affaissement rapide des yeux ; 6° la coloration en noir des extrémités ; 7° enfin la contraction des doigts et la flexion des pouces dans la paume des mains, ils croient pouvoir y trouver la confirmation de l'opinion

qu'ils ont précédemment émise dans leur premier procès-verbal.

Fait à Goritz, lesdits jour et an que dessus, et ont
signé, après lecture :

BLACAS-D'AULPS. J. M. MARCOLINI.

MONTBEL. BILLOT. BOUGON. J. Dʳ MARINI.

Baron BOURLET. Dʳ LOUIS DE BAKLAI.

JOSEPH MASINI,
Chirurgien de la ville de Goritz.

Nᵒ 5.

*Procès-verbal de l'embaumement du corps de feu Sa
Majesté* CHARLES Xᵉ *du nom, Roi de France et de
Navarre.*

Et le même jour, sept novembre mil huit cent
trente-six, immédiatement après l'examen anatomique
du corps de feu Sa Majesté Charles X, le docteur Bougon,
prenant les ordres de Son Exc. Monseigneur le duc

de Blacas d'Aulps, et en présence de MM. les docteurs Marcolini et Marini, déjà désignés aux précédents procès-verbaux, a procédé, étant assisté du sieur Masini, et le sieur Ignace de Fornasari, pharmacien, demeurant à Goritz, fournissant les aromates, à l'embaumement dudit corps, lequel embaumement a été fait de la manière suivante :

Tous les viscères, qui avaient été détachés du corps pour l'examen anatomique, ont été, chacun séparément, nettoyés et lavés successivement avec le vinaigre, le vinaigre aromatique, l'alcool et l'alcool camphré aromatique, puis plongés et macérés dans l'alcool saturé d'hydrochlorate de mercure, à l'exception des poumons, des intestins et du foie, pour lesquels organes on a employé l'acide pyroligneux.

Pendant ces lotions, ces immersions et ces macérations diverses, les trois cavités splanchniques du corps ont été traitées de la même manière, et des incisions profondes et longitudinales ont été pratiquées dans l'épaisseur des parties musculaires du tronc et des extrémités. On doit observer ici que ces différentes incisions ont confirmé le fait déjà énoncé au procès-verbal de l'examen anatomique, savoir, qu'en aucune partie du système vasculaire sanguin il n'y avait de sang coagulé, et que ce fluide, d'ailleurs partout poisseux, noir et profondément altéré, était refoulé jusque dans les extrémités capillaires de ce système.

Le cœur, réservé pour une préparation particulière,

a été, après les lotions nécessaires, placé dans l'alcool aromatique.

Puis on a replacé les différents viscères dans leurs situations anatomiques respectives ; ces viscères ayant été préalablement enduits d'un vernis chargé de baumes orientaux et saupoudrés de poudres aromatiques. Des poudres plus fines et plus précieuses ont été employées pour la préparation du cerveau.

Les sutures exigées ont été ensuite pratiquées ; le corps enduit de vernis et recouvert de bandelettes, la tête, les mains et les pieds ayant été d'abord enveloppés de taffetas blanc.

Enfin le corps, embaumé comme dit est, a été placé dans un linceul et reporté sur le lit de parade. Dont et du tout a été rédigé le présent procès-verbal, à Goritz, lesdits jour et an que dessus, et ont signé après lecture : J. M. Marcolini ; Dr Marini ; Joseph Masini, chirurgien de la ville de Goritz; Bougon; Ig. de Fornasari.

Nº 6.

ORDRE

POUR LES FUNÉRAILLES

DE SA MAJESTÉ LE ROI CHARLES X.

—

S. G. le prince-archevêque de Goritz, voulant, assisté de son chapitre, de tout son clergé et des ordres religieux, célébrer les funérailles de Sa Majesté le Roi Charles X ;

M. le comte de Gleisbach, capitaine du cercle, et les chefs militaires ayant manifesté l'intention de suivre le convoi avec la garde bourgeoise, la noblesse, les notables du pays, les officiers de tout grade et les troupes de la garnison ;

L'ordre des cérémonies est ainsi réglé :

Demain, onze novembre, à neuf heures et demie du matin, M. le comte de Marnes et M. le comte de Chambord se rendront de leur logement, hôtel Strasoldo, au château du Graffenberg.

Immédiatement, et en leur présence, la levée du corps de Sa Majesté sera faite par le prince-archevêque assisté du chapitre.

Le convoi se mettra en marche de la manière suivante :

Un détachement de troupes, avec leurs tambours
drapés, et leur corps de musique ;

Vingt-quatre pauvres en deuil portant des torches;

Les frères de la Miséricorde portant des flambeaux ;

Les religieux Capucins portant des flambeaux ;

Les religieux Franciscains portant des flambeaux ;

Le clergé des paroisses de Goritz ;

Le chapitre ;

S. G. le prince-archevêque ;

Le char funèbre surmonté d'une couronne et attelé
de six chevaux drapés de noir ;

M. le comte de Marnes en manteau noir, accompagné de M. le duc de Blacas, premier gentilhomme de
la chambre de Sa Majesté.

M. le comte de Chambord, en manteau noir, accompagné de M. le comte de Bouillé, aide de camp du
Roi, et remplissant les fonctions de gouverneur du
prince ;

M. le comte O'Hégerthy, écuyer commandant, diri-
geant la marche du char funèbre ;

A droite et à gauche du cercueil et des princes, douze
valets de pied portant des torches ornées d'écussons
aux armes de France ;

A la suite et ensemble :

MM. le marquis de Clermont-Tonnerre, ancien ministre de Sa Majesté, et le comte de Tonnerre, son fils.

Le comte de Montbel, ancien ministre de Sa Majesté ;

Billot, procureur général de Sa Majesté ;

Le docteur Bougon, médecin de Sa Majesté ; -

Le baron de Saint-Aubin, premier valet de chambre de Sa Majesté ;

L'abbé Jocquart, chapelain de Sa Majesté ;

L'abbé Trébuquet, attaché à l'éducation de M. le comte de Chambord ;

Le colonel du génie Mounier, *idem ;*

Le chevalier Cauchy, de l'institut de France, *idem ;*

Le capitaine Guignard ;

De Sainte-Preuve, ancien garde du corps ;

Henri Billot ;

Les valets de chambre du Roi, portant des flambeaux ;

M. le capitaine de cercle ;

MM. les officiers, et les notables en deuil ;

Un détachement de troupes.

Des soldats borderont la haie.

En sortant du Graffenberg, le cortége se dirigera par le chemin de droite, et tournera devant le grand hôtel du comte Attems ; il parcourra la grande rue, la place Saint-Ignace, et les rues suivantes, jusqu'à la cathédrale.

Le cercueil, porté par le service du Roi, sera placé sur un catafalque disposé à cet effet.

Le service religieux commencera quand les prin-

cesses seront placées dans une tribune drapée de noir
au-dessus du chœur; que M. le comte de Marnes et
M. le comte de Chambord seront dans le sanctuaire,
suivis de M. le duc de Blacas et de M. le comte de
Bouillé. M. le cardinal de Latil et M. l'évêque d'Hermopolis se rendront aussi dans le sanctuaire.

Les autres Français et les notables du pays se ran-
geront à droite et à gauche du catafalque, dans des
places drapées de noir.

Après la messe et les absoutes, le cortége se dirigera
dans le même ordre, par la même porte, et par la rue
à gauche, vers le couvent des religieux Franciscains.

Le cercueil sera porté dans l'église et déposé dans le
caveau funéraire de la famille des comtes de Thurm,
situé devant la chapelle de Notre-Dame de Mont-
Carmel.

Fait à Goritz, le 10 novembre 1836.

Blacas d'Aulps

Nº 7.

*Procès-verbal de placement du corps et du cœur de feu
Sa Majesté* CHARLES X^e *du nom, roi de France et
de Navarre, dans l'un des caveaux de l'église des
révérends pères Franciscains de la ville de Goritz.*

Aujourd'hui, douze novembre mil huit cent trente-
six, à midi, je soussigné, Charles-Jacques-Julien Bougon, chevalier de l'ordre du Roi (Saint-Michel) et de la
Légion-d'Honneur, ancien professeur de la Faculté de
médecine de Paris, etc., médecin de Sa Majesté Charles X, en présence de sa seigneurie M. François-Marie-
Michel, comte de Bouillé, pair de France et aide de
camp du Roi ; de M. Charles-Marie-Antoine, baron
Bourlet de Saint-Aubin ; de M. Guillaume-Isidore
comte de Montbel, ancien ministre de Sa Majesté ; de
M. Jean-François-Cyr Billot, ancien procureur général ;
du révérend Père Ferdinand Wontscha, provincial de
l'ordre ; du révérend Père Michel Ellersig, gardien
dudit couvent ; et assisté des sieurs Joseph Masini
chirurgien, et Ignace Fornasari, pharmacien de la
ville de Goritz, j'ai remis à S. Exc. Mgr. Marie-
Louis-Jacques-Casimir duc de Blacas d'Aulps, pair
de France, chevalier des ordres du Roi et premier gentilhomme de la chambre, le corps embaumé de feu

Sa Majesté Charles, dixième du nom, roi de France et de Navarre, lequel corps avait été le jour précédent, et avec tous les honneurs dus à son rang auguste, transporté dans ladite église.

Immédiatement après, et avec le cérémonial usité, le corps a été placé et scellé dans le cercueil de plomb disposé à cet effet au milieu du caveau de la famille des comtes de Thurm, au-dessous de la chapelle latérale dédiée à Notre-Dame du Mont-Carmel, et le cercueil de plomb a été ensuite renfermé dans un autre cercueil en bois de noyer.

J'ai également, et aussi en présence des personnes ci-dessus désignées, remis à S. Exc. Mgr. le duc de Blacas d'Aulps le cœur de Sa Majesté, que, le dix du même mois, j'avais, en présence dudit sieur baron Bourlet de Saint-Aubin, préparé et embaumé avec les poudres balsamiques et aromatiques les plus précieuses. Ce cœur a été aussitôt scellé dans une boîte de plomb et placé tout de suite dans un cœur de vermeil fermant à clef, laquelle clef a été remise à S. Exc. le duc de Blacas d'Aulps, et sur lequel étaient gravés ces mots : « Ici est le cœur de très-haut, très-puissant et très-ex- » cellent prince Charles, dixième du nom, par la grâce » de Dieu roi de France et de Navarre, mort à Goritz, » le six novembre mil huit cent trente-six, âgé de » soixante-dix-neuf ans et vingt-huit jours. » Puis ladite boîte en vermeil a été fixée, à l'aide de plusieurs vis, sur le milieu du cercueil en bois de noyer, et le tout en-

veloppé dans un autre cercueil du même bois, sur lequel a été attachée une plaque en cuivre doré portant
l'inscription suivante : « Ci-gît très-haut, très-puissant
» et très-excellent prince Charles, dixième du nom, par
» la grâce de Dieu roi de France et de Navarre, mort
» à Goritz le six novembre mil huit cent trente-six,
» âgé de soixante-dix-neuf ans et vingt-huit jours. »

Enfin on a fermé par un mur l'issue souterraine
de ce caveau, et on a replacé la pierre tumulaire
qui en ferme l'entrée supérieure dans la nef de ladite
église.

Dont et du tout le procès-verbal a été rédigé et fait
en double minute, l'une d'elles devant être laissée aux
révérends Pères Franciscains dudit couvent.

A Goritz, lesdits jour, an et heure que dessus, et
ont signé après lecture :

BOUGON.   MONTBEL.   LE comte DE BOUILLÉ.

BLACAS D'AULPS.   Baron BOURLET.   BILLOT.

P. MICHEL ELLERSBIG, gardien.

P. FERDINAND WONTSCHA,
Provincial de l'ordre des Franciscains.

IGNACE DE FORNASARI.

Nº 8.

ACTE DE RECEPTION

DU CORPS

DE SA MAJESTÉ CHARLES X,

PAR LES RELIGIEUX FRANCISCAINS.

—

Hodie, die duodecimâ novembris, anno millesimo octingentesimo trigesimo sexto, horâ tertiâ postmeridianâ, nos, Pater Ferdinandus Wontscha, provincialis ordinis Franciscanorum, et Pater Michael Ellersig, guardianus conventus (Castagnavizzensis) dicti ordinis, situati Goritiæ, præsentibus hisce, attestamur nos accepisse in depositum, et traditas in nostram custodiam exuvias mortales serenissimi, potentissimi et excellentissimi principis Caroli decimi nomine, per Dei gratiam regis Galliæ et Navarræ, mortui in dicta civitate Goritiensi, die sextâ hujus mensis.

Hæ exuviæ mortales, quæ, die præcedenti, erant conductæ in ecclesiam nostri conventus, comitante clero et capitulo ecclesiæ metropolitanæ dictæ civitatis Goritiensis, sacras fonctiones peragente celsissimo ac reverendissimo domino domino Francisco-Xaverio Luschin, principe archiepiscopo, hac die duodecimâ novembris, quemadmodum hoc idem contestatur processus verbalis, in nostro archivo repositus, fuerunt depositæ, sigillatæ, et obmuratæ in cryptâ familiæ comitum a Turri, quæ sita est infra capellam dedicatam, in nostrâ præfatâ ecclesiâ, beatissimæ Virginis Mariæ de Monte-Carmelo.

In quorum fidem, nos infra scripti Patres Ferdinandus et Michael tradimus præsens perceptionis instrumentum Suæ Excellentiæ domino domino duci de Blacas d'Aulps, equiti ordinorum regis, et supremo regis cubiculario, et nos obligamus nostro et hujus conventus nomine ad religiose asservandum hoc depositum regale.

Goritiæ, præfatis die, et anno, et horâ, et subscripsimus facta prælectione :

P. Michael Ellersig,
Guardianus Franciscorum.

P. Ferdinandus Wontscha,
Provincialis ordinis Franciscorum.

———

Aujourd'hui, douze novembre mil huit cent trente-six, à trois heures de l'après-midi, nous, Père Ferdinand Wontscha, provincial de l'ordre des Franciscains, et Père Michel Ellersig, gardien du couvent (surnommé Castagnavizza) dudit ordre, et situé à Goritz, reconnaissons par le présent acte avoir reçu en dépôt, et comme confiées à notre garde, les dépouilles mortelles de très-haut, très-puissant et très-excellent prince Charles, dixième du nom, par la grâce de Dieu roi de France et de Navarre, mort à ladite ville de Goritz, le six de ce mois.

Les dépouilles mortelles, qui, le jour précédent, avaient été conduites en l'église de notre couvent par le clergé et le chapitre de l'église métropolitaine de ladite ville de Goritz, ayant à leur tête Sa Grandeur Monseigneur François-Xavier Luschin, prince-archevêque, ont été cejourd'hui douze novembre placées, scellées et murées dans le caveau de la famille des comtes de Thurm, qui est située sous la chapelle dédiée, dans notre dite église, à Notre-Dame du Mont-Carmel, ainsi qu'il conste du procès - verbal déposé dans nos archives.

En foi de quoi, nous, Pères Ferdinand et Michel soussignés, donnons le présent reçu à Son Excellence M. le duc de Blacas d'Aulps, chevalier des ordres du Roi, et premier gentilhomme de la chambre, nous engageant en notre nom et au nom des Pères dudit couvent, à garder religieusement ce royal dépôt.

A Goritz, lesdits jour, an et heure que dessus, et avons signé après lecture.

PÈRE MICHEL ELLERSIG, PÈRE FERDINAND WONTSCHA,
Gardien des Franciscains. Provincial de l'ordre des Franciscains.

— FIN. —

TABLE DES CHAPITRES.

—

J. ANGE ET Cᵉ, ÉDITEURS,
19, RUE GUÉNÉGAUD, A PARIS;
MÊME MAISON, LIBRAIRIE DE L'ÉVÊCHÉ.
28, RUE SATORY, A VERSAILLES.

MÉLANGES

DE

MORALE et de LITTÉRATURE

A l'usage de la Jeunesse,

PUBLIÉS

PAR M. DELACROIX.

1 VOL. IN-12,

ÉDITION DE LUXE,

AVEC ENCADREMENTS, VIGNETTES, LETTRES ORNÉES, ETC.

PRIX : 2ᶠ 50ᶜ

PLUSIEURS de nos honorables correspondants nous invitaient depuis longtemps à publier un *keepsake* religieux, propre à être donné en étrennes dans les familles religieuses, ou même en prix dans les maisons d'éducation. Ils nous faisaient observer que la plupart des publications de ce genre, qui ont paru jusqu'à présent, étaient loin d'avoir l'importance et le degré d'utilité que l'on devait en attendre; qu'elles manquaient d'enseignement, parce qu'elles se bornaient à des histoires, intéressantes peut-être par les détails, mais insignifiantes au fond; qu'elles étaient tout au plus amusantes, mais jamais instructives; qu'elles n'étaient morales que négativement, en ce sens qu'elles ne présentaient pas de scènes immorales, mais qu'elles ne s'élevaient pas non plus jusqu'aux hauteurs de la pure morale et de la vertu positive.

On aurait pu ajouter que la tendance romantique de ces publications avait bien souvent son danger, et qu'un auteur qui écrit pour la jeunesse n'est jamais excusable de compromettre à la fois le cœur et le goût de ses lecteurs.

Nous avons reçu avec reconnaissance ces avis; et, pour répondre au vœu qu'on voulait bien nous exprimer, nous avons emprunté les articles de notre *keepsake* aux auteurs les plus estimés dans la littérature religieuse, et notamment à M. Delacroix, *habile et fécond écrivain, cher aux familles chrétiennes,* comme l'appelait naguère un des plus nobles organes de la presse.

Sous le titre de *Mélanges de morale et de littérature religieuses,* nous avons réuni une suite de morceaux qui ont tous obtenu l'approbation d'hommes éclairés, habiles dans la connaissance du cœur humain, et qui ont appris, par une longue expérience, ce qui lui convient le mieux. Nous ne parlerons pas du mérite littéraire de cet ouvrage; le nom des auteurs le rend incontestable; mais nous insisterons sur le but moral que nous nous sommes proposé, et sur les précieux avantages qu'en obtiendront les familles chrétiennes. Nous leur offrons une œuvre de conscience et de talent, inspirée par le seul désir d'être utile, et qui pourrait se résumer en deux mots qui forment sa devise : Amour et Foi!

Le luxe de cette édition, et la beauté des ornements dont nous l'avons enrichie, répondent au mérite du texte; et nous avons la confiance que le public reconnaîtra qu'il était difficile de publier un livre, destiné aux étrennes ou aux prix scolaires, à la fois plus élégant et plus utile.

J. ANGÉ.

DERNIÈRE ÉPOQUE DE L'HISTOIRE

DE

CHARLES X

PAR M. DE MONTBEL, ancien ministre de Sa Majesté.

LE DUC DE REICHSTADT,

PAR LE MÊME.

1 vol. in-8, avec portrait et *fac simile,*

Imprimé pour faire suite à l'*Histoire de Napoléon,* par M. de Norvins.

PRIX : 7 FRANCS.

DICTIONNAIRE HISTORIQUE

D'ÉDUCATION,

ou Choix d'exemples et de faits puisés dans l'histoire ancienne et moderne,
propres à former et à enrichir toutes les facultés de l'âme et de l'esprit,

D'APRÈS J. FILASSIER.

Ouvrage entièrement refondu,

et augmenté d'une foule de traits de l'histoire contemporaine, *religieuse*, *politique* et *militaire*,
depuis 1789 ;

PAR M. DELACROIX.

2 VOL. GRAND IN-8, DE 50 FEUILLES CHACUN,

Publiés en 4 livraisons de 25 feuilles, avec couvertures imprimées.

CHAQUE LIVRAISON COUTERA 4 FRANCS.

La première livraison paraîtra le 1er février prochain.

REVUE RELIGIEUSE

ET ÉDIFIANTE,

JOURNAL MENSUEL, CONSACRÉ A LA PIÉTÉ,

PUBLIÉ SOUS LES AUSPICES DE PLUSIEURS

DE NN. SS. LES ÉVÊQUES DE FRANCE,

Avec le concours de MM. Delacroix, *directeur* ; l'abbé Cœur, Ballanche, Roselly
de Lorgues, l'abbé Grivel, d'Exauvillez, Madrolle, de Chantal,
Charles Laurent, Taillandier, l'abbé Devoille, etc.

Il paraît du 1er au 5 de chaque mois une livraison grand in-8,

Composée de 32 pages encadrées, dont chacune contient 50 lignes, et chaque ligne 70 lettres,
ce qui donne la matière d'un volume ordinaire de 150 pages. — Chaque livraison a une
couverture imprimée de papier fin de couleur, avec vignettes et sujets religieux.

PRIX DE L'ABONNEMENT POUR UN AN :

8 FRANCS,

Franc de port pour toute la France.

Il est aussi tiré une édition de luxe, sur papier superfin satiné,
dont le prix est de 10 francs.

LES ÉGLISES GOTHIQUES.

1 vol. in-12, grand papier vélin, ORNÉ DE GRAVURES.

PRIX : 3 FR.

BIOGRAPHIE

UNIVERSELLE

DES

CROYANS CÉLÈBRES,

Démonstration du Christianisme

PAR TOUS LES HOMMES ILLUSTRES DE L'UNIVERS.

L'ouvrage sera publié par demi-volume
de 16 feuilles

En 8 livraisons régulières, de 3 fr. 50 c. chacune, prise à Paris.

Les deux premières livraisons sont en vente,
Et les autres paraîtront de mois en mois.

CODE SACRÉ,

OU

EXPOSÉ COMPARATIF

DE TOUTES LES RELIGIONS DE LA TERRE ;

Par M. Anot de Maizières.

30 TABLEAUX,

Précédés d'une Introduction à l'Histoire des Révolutions religieuses,

1 vol. grand in-folio. — PRIX : 50 fr.

HISTOIRE

DE L'ANCIEN ET DU NOUVEAU

TESTAMENT

PAR DE ROYAUMONT,

PRIEUR DE SOMBREVAL.

1 vol. in-8 de 36 feuilles, 267 vignettes, papier vélin.

PRIX : 6 FRANCS.

PARIS, IMPRIMERIE DE DECOURCHANT, RUE D'ERFURTH, 1.

PARIS. — J. ANGÉ, ÉDITEUR, RUE GUÉNÉGAUD, 19.

CODE SACRÉ

OU

EXPOSÉ COMPARATIF

DE TOUTES

LES RELIGIONS DE LA TERRE

Considérées sous le rapport de leurs dogmes, de leur morale et de leur culte, et mises en présence les unes des autres par le rapprochement successif et textuel des diverses parties de leurs systèmes ;

Extrait des livres originaux qui servent de bases aux différentes croyances, tels que le Pentateuque, les quatre Évangiles, le Coran, les Veidams, le Chou-King, le Zend-Avesta, l'Edda, la Voluspa, etc.;

PAR ANOT DE MAIZIÈRES,

Auteur d'un essai sur *la Politique des restaurations*, couronné par
l'Académie de Lyon, d'un *Traité d'Éducation nationale*,
couronné par l'Académie de Mâcon, d'un *Commentaire*
sur la constitution de 1814, couronné par
l'Académie de Châlons-sur-Marne,
des *Lettres d'Icilius*, etc.

———

Conditions de la Souscription.

Cet ouvrage, divisé en 10 livraisons à 5 francs, comprendra 29 tableaux tirés sur papier grand-raisin vélin et collé.

Il paraît 2 livraisons par mois. Les premières sont en vente.

Prospectus.

A une époque où la liberté des cultes permet à toutes les doctrines de se produire au grand jour, il importe à ceux qui doivent réfuter les erreurs de les bien connaître ; le *Code sacré* que nous publions aujourd'hui, et où sont exposées toutes les religions, est donc un ouvrage qui répond aux besoins des temps où nous vivons, et que le clergé pourra consulter avec fruit. Les évêques ne sont plus aujourd'hui de paisibles pasteurs occupés uniquement du soin de nourrir leur troupeau de la parole de vie ; ils ont surtout à le défendre des embûches et de la malice de ses ennemis. Ils ont donc besoin d'étudier dans leurs principes mêmes les ouvriers d'iniquité ; il faut qu'aujourd'hui surtout leur zèle *soit selon la science*, et plus que jamais ils doivent marcher comme *des enfans de lumière*

Le *Code sacré* est destiné à seconder leurs efforts ; il est un tableau complet et fidele de toutes les religions, de toutes les hérésies, de tous les systèmes philosophiques : il ne les accuse point, il les produit sans commentaires, il les donne sans phrases, il ôte ainsi à la vérité son voile, comme il arrache son masque à l'imposture.

Afin de rendre plus facile la comparaison des diverses professions de foi, il les rapproche les unes des autres ; il les superpose dans toutes leurs parties, il les confronte à la fois dans leur esprit et dans chacun de leur dogme : il permet ainsi d'en saisir tous les rapports et toutes les différences.

Tantôt, par l'exposé des vérités qui se mêlent aux erreurs du paganisme, il nous montre qu'il y a une lumière *qui éclaire tout homme venant au monde ;*

Tantôt, par le tableau des variations des diverses Églises réformées, il fait ressortir l'admirable fixité de l'Église romaine ; ou bien, à l'aide des flambeaux que la religion a placés sur la route des temps, il éclaire d'un nouveau jour l'histoire du genre humain, et découvre dans les révolutions religieuses la cause des révolutions politiques.

Auxiliaire du théologien, du prédicateur et de l'historien

ecclésiastique, il est pour le premier un répertoire de juris-
prudence canonique, pour le second un recueil de preuves
utiles à sa cause, pour le troisième un guide éclairé et fidèle;

Il offre en même temps une démonstration évangélique fondée sur d'irrécusables témoignages, et la meilleure réponse
qu'on puisse faire aux systèmes des encyclopédistes, de Dupuy
et de Volney.

Il est mis à la portée de toutes les intelligences, il peut
ajouter à l'érudition des docteurs, et il reste facile à com-
prendre pour les séminaires

La religion peut le présenter sans crainte à ses amis et à ses
ennemis Le pasteur peut l'offrir au fidèle, en disant : *tolle,
lege;* le *Code sacré* nous paraît un acte de foi admirable; son
auteur n'a pas cru que la science et l'éloquence fussent nécessaires au triomphe de notre religion; pour rendre sa supé-
riorité visible, il a cru qu'il suffisait de la montrer, et surtout de la montrer en présence des autres; il ne l'a ni louée,
ni discutée, ni expliquée, il l'a exposée.

Il l'a dépouillée des ornemens étrangers qu'elle a reçus trop
souvent de l'imagination de ses panégyristes; il lui a rendu
ses traits véritables; elle est dans son livre telle que Dieu
nous l'a faite.

Ce moyen de la faire aimer est d'une inconcevable puissance.

Pour l'employer avec succès, il n'a fallu à l'auteur ni génie
ni talent, l'amour du travail lui a suffi; à d'autres la gloire
des grands et beaux ouvrages, à lui le mérite obscur d'un
livre utile.

ON SOUSCRIT A PARIS,

CHEZ L'ÉDITEUR, RUE GUENÉGAUD, 19;

STRASBOURG,

CHEZ MM. TREUTTEL ET WURTZ,

LONDRES,

J. B BAILLIÈRE, 219, REGENT STREET;

ET CHEZ TOUS LES LIBRAIRES COMMISSIONNAIRES DE LA FRANCE
ET DE L'ÉTRANGER.

BIOGRAPHIE

UNIVERSELLE

DES CROYANS CÉLÈBRES,

DÉMONSTRATION DU CHRISTIANISME

PAR TOUS LES SAVANS DU MONDE :

SUPPLÉMENT NÉCESSAIRE

A toutes les *Histoires* et à toutes les *Biographies* ;

PRÉSENTANT, SELON L'ORDRE ALPHABÉTIQUE,

Les plus beaux *actes* et les *pensées* les plus belles de *tous* les hommes célèbres, morts et vivans, en matière de religion.

PAR UNE RÉUNION DE SAVANS ET D'HOMMES DU MONDE.

LIVRE ENTIÈREMENT NEUF,

Composé d'après le plan et sur les documens (relatifs aux modernes) d'un ancien Ministre; et placé, pour la partie ecclésiastique, de l'agrément des supérieurs, sous le patronage de trois membres du Clergé de Paris.

Lapides clamabunt.
(HABAC. , II. 2 ; LUC , XIX, 40.)

« Je ne sais si ce n'est pas faire tort à la Religion
« que de dire qu'un homme aussi généralement estimé
« n'a point eu de Religion. »
(JEAN RACINE)

ON SOUSCRIT A PARIS, AU BUREAU PRINCIPAL,
J. ANGÉ, éditeur, rue Guénégaud, n° 19.
PILLET aîné, rue des Grands-Augustins, n° 7 ;
GAUME frères, rue du Pot-de-Fer-St-Sulpice, n° 5.

1836.

La *Biographie universelle des Croyans* (qui peut, en outre, tenir lieu d'une *Biographie* ordinaire), formera 4 vol. in-8°, à deux colonnes, renfermant la matière de huit, imprimés avec des caractères poétiques neufs fondus exprès par M. Pinard, et dans le même format que la *Biographie Universelle* de MM. Michaud.

Le manuscrit est entièrement terminé, et toutes les parties en sont aujourd'hui réunies.

L'ouvrage sera publié, par demi-volume, en 8 livraisons régulières, de 4 francs chacune, prise à Paris.

La 1re sous presse sera mise en vente fin de septembre prochain, et les autres paraîtront de mois en mois.

Une remise de 4 fr. sera faite aux personnes qui souscriront d'avance à l'ouvrage entier.

Leurs noms seront placés, comme protecteurs de l'œuvre, en tête du premier volume.

Il suffira, pour être souscripteur à ces conditions, de renvoyer par la poste, sans affranchir, le modèle ci-joint, rempli et signé.

L'ouvrage sera suivi de quatre tables encyclopédiques :

La première, offrant la classification de tous les noms de la *Biographie universelle des Croyans*, par ordre chronologique : ce qui fera voir les progrès de la pensée humaine dans la suite de tous les siècles.

La seconde, les présentant par ordre de sciences ;

Une troisième présentera un choix de noms, pris dans tous les ordres de savans, plus susceptibles d'être suivis comme maîtres de bonnes études ; à l'usage de toutes les conditions et de toutes les professions sociales.

La quatrième sera *réelle*, comme les trois autres sont *personnelles*. Elle consistera dans un plan de philosophie théologique, qui renverra, sur chaque point, sur chaque sorte de vérité, aux noms où l'on en trouvera le traité. La *Biographie universelle des Croyans* sera, de cette façon, une sorte d'*Encyclopédie de la Religion*.

On trouvera ci-après, pages 14, un *Specimen* de l'ouvrage.

PARIS, DE L'IMPRIMERIE DE PILLET AÎNÉ,
rue des Grands-Augustins, n 7

INTRODUCTION

A LA BIOGRAPHIE UNIVERSELLE

DES CROYANS.

Hæc scripta sunt, ut credatis. JOANN. XX.

Nous avons assez, nous avons trop de livres indifférens en matière de religion ; trop de tableaux ou d'histoires de nos méprises, de nos désordres et de nos malheurs. Nous avons été, depuis long-tems, trop préoccupés de la faiblesse et de la corruption de l'état présent de la société. Il n'était pas seulement curieux, il était encore utile et nécessaire de faire connaître ce qu'elle recèle de vérités, de forces, et par conséquent d'avenir.

Le côté hideux de l'intelligence n'est que trop connu ; nous montrerons son aspect magnifique.

On peut considérer notre livre comme des *Mémoires pour servir à l'Histoire* de la rectitude *de l'esprit humain.* « Imitons les abeilles, dit le spirituel et bon François de Sales, suçons le miel de toutes les fleurs : c'est-à-dire voyons les belles qualités seulement de nos semblables. » Lorsque nous avons rencontré ou entrevu, dans un Homme célèbre, un doute accidentel sur la Providence (et sachez que le plus grand athéisme possible ne se réduit jamais qu'à un doute), nous avons fait volte-face, et, marchant à reculons, couverts d'un manteau, nous sommes allés, comme les fils du Patriarche, voiler la nudité de notre frère ivre.

Différens, ennemis à tant d'autres égards, il fallait trouver le point sur lequel nous sommes tous d'accord, tous amis, tous enfans de la même famille; car, s'il y a un moyen de nous ôter réciproquement la haine, le désespoir, la mort de l'ame, et la pauvreté de l'intelligence, c'est celui-là.

Les plus petits de nos maux sont les révolutions de fortune, de places, de dynasties : toutes choses d'autant plus indifférentes à notre bonheur qu'elles semblent plus fondamentales à nos passions.

Ce sont là des *faits*, des *effets*.

Attachons-nous tant soit peu aux *causes*.

En d'autres termes, jetons les yeux sur le grand et l'unique mobile de nos actions, de nos destinées, de nos infortunes, de nos jouissances.

– DIEU est, après tout, le grand point de mire de notre intelligence, le grand pivot sur lequel roule notre cœur : tout le reste, Sacerdoce, Culte, Monarchie, Charité elle-même, est accessoire ; et la logique individuelle sait assez tirer les conséquences, lorsque le principe est reconnu.

Il existe, en un sens, plusieurs sortes de preuves, il en est même à l'infini, de l'existence de Dieu ; mais elles peuvent toutes se réduire à une seule : L'IMPUISSANCE DE RIEN PROUVER AU MONDE SANS DIEU.

Mais cette preuve, aussi simple qu'admirable, semble avoir besoin de la *pensée*, et peut-être de la *réflexion* dont les majorités ne sont plus guère capables, aujourd'hui qu'elles ont la prétention de beaucoup *penser*, et de *réfléchir* davantage encore ; et alors, s'il y a une preuve de Dieu et de tout le reste susceptible d'efficacité, c'est la preuve par l'opinion publique et le consentement universel.

Pour entendre celle-là, il ne faut point d'intelligence, il suffit de l'œil.

C'est, d'ailleurs, le moyen de revenir à la preuve par la minorité ou l'unité.

Au 16ᵉ siècle, au tems de Luther et de Calvin, la question de l'Autorité spirituelle ; au siècle de Jansénius, la question de la *grâce* ; au siècle de Voltaire, la question de l'Autorité politique (1), étaient nécessaires pour élever à la question de Dieu ; au 19ᵉ siècle, la question de Dieu seul, indépendamment de l'homme, est seule capable, nous ne craignons pas de le dire, de faire descendre à la question de l'homme.

La religion, maintenant, s'identifie avec l'humanité.

C'est une bien grande chose, pour ouvrir les yeux et dispenser de discussions, que des expériences comme celles des combats de religion ou des combats de souveraineté, au milieu desquelles nous vivons depuis un siècle.

Voyez le fond de la Littérature, de la Vie, de la Société : vous êtes frappés, même au milieu de nos barricades et de nos guerres civiles à mort, de la fréquence, de la généralité des rapprochemens politiques, de la tolérance réciproque, et, par conséquent, de la convergence de tous les esprits vers Dieu.

Notre impiété elle-même est plutôt une fanfaronnade qu'un système.

Il fallait profiter de cette belle situation sociale, inouie peut-être dans l'histoire du monde depuis l'époque où

____

(1) Les livres de ce siècle qui eurent le plus de vogue, et qui seuls aujourd'hui sont encore des autorités, sont des livres exclusivement politiques : l'*Esprit des lois* et le *Contrat social.*

l'empire d'Auguste et la littérature de Virgile étaient gros d'un Sauveur.

Aux deux époques analogues, les hommes semblent attendre et voir un instrument de salut public.

Le présent livre n'est que l'un des signes de cette grande expectative ; et voilà pourquoi il répond à un besoin, et ne saurait manquer d'être compris et accepté (1).

C'est un véritable monument que nous élevons à la gloire de toutes les familles de France, car il n'en est *pas une* peut-être dont le nom ne soit ici mentionné honorablement : l'ancienne et la nouvelle noblesse (la noblesse est inévitable) y liront leurs vrais titres ; ceux qui manquent de couronnes apprendront à en mériter ; ceux qui en ont de fausses sauront comment on les ratifie. La reliligion est, en dernière analyse, le motif de toutes les légitimités ; l'impiété, le secret de tous les genres d'usurpation.

Le commencement du 19ᵉ siècle a été signalé et flétri par le *Dictionnaire des Athées ;* il appartenait à notre époque, dont tel jour est à un siècle de la veille, d'être marquée et glorifiée par une *Biographie universelle des Croyans* (2).

Une grande popularité lui est garantie.

La portée de ce livre est d'autant plus sûre, qu'il s'est

(1) M. de Genoude, qui a eu le petit bonheur de faire une grande fortune, et qui paraît aspirer au bonheur plus grand, seul grand, de la rendre au Dieu dont toutes les fortunes relèvent, est entré le premier, avec autant de succès que de hardiesse, dans cette inépuisable et sublime carrière. La *Raison du christianisme* s'est ainsi trouvée la préface involontaire de la *Biographie universelle des Croyans.*

(2) Nous avions à choisir seulement entre les mots *Croyans* et *Amis de la Religion* (car les mots *Chrétiens, Hommes religieux,* etc., étaient impossibles). Nous avons dû préférer le mot *Croyans* en général, sans répondre des abus qu'on a faits ou qu'on pourrait faire de ce nom, comme de tous les autres.

fait tout seul, et qu'étant rédigé par tout le monde (1),
on ne saurait lui opposer une composition plus sympathi-
que, plus spirituelle et plus neuve.

Si jamais on a pu voir, si on a pu invoquer jamais une
Autorité universelle au monde, avouons-le, c'est ici.

Dans un tems où les hommes ne pensent, ne parlent,
n'agissent que selon les majorités, et qu'ils ne s'entendent
guère que pour s'entrenuire, il était important de leur
faire voir que les majorités n'existaient, n'avaient de durée
et de bienfaits qu'en présence de Celui qui Est, et en sa
faveur.

Quant à l'intérêt de la *Biographie universelle des
Croyans*, qui pourrait ne l'éprouver pas?

Le secret qu'il nous importe le plus de savoir, que nous
cherchons à pénétrer le plus dans nos semblables, lors
surtout qu'ils sont célèbres, c'est plus que le secret de leur
cœur, c'est celui de leur ame, de leur conscience : car
c'est par là que nous les dominons, et que nous avons, si
nous osons le dire, leur *clef*.

Or, la pensée intime d'un homme (et par conséquent
de tous les hommes), à la seule condition qu'il ne soit pas
un insensé ou un monstre, celle qui l'occupe, le tour-
mente ou le console à l'infini, depuis l'âge de raison jusqu'à son heure dernière, celle qui lui reste d'autant plus
que toutes les autres lui échappent, qui les précède et
les accompagne toutes, et leur survit, c'est la crainte, l'a-
mour, ou la recherche de l'auteur de son existence, dont
ses père et mère ne sont que de passifs instrumens.

(1) Métaphore à part, nous pouvons dire, sans crainte d'être démentis, qu'il
n'est peut être pas une notabilité littéraire, scientifique, politique, et même ecclésiastique, dans la capitale, qui n'ait, directement ou indirectement, procuré
quelques documens precieux, et souvent des articles tout entiers:

La *Gazette de France*, l'*Ami de la Religion*, le *Journal des Villes et des Campagnes*, l'*Univers*, dont l'objet principal est de constater le progrès religieux,
sont, entre tous les journaux, ceux auxquels nous sommes redevables de plus de
faits relatifs aux modernes.

Et lorsque la pensée divine est dans l'intelligence, elle est aussitôt, et par là même, dans le cœur, dans la volonté, dans les actes.

C'est toute la vie de l'homme :

C'est par conséquent toute son histoire.

C'est ce que nous voulons savoir, avant ou après tout le reste : Comment se fait-il que ce soit précisément la chose que la plupart de nos Biographies, et surtout les volumineuses, aient comme pris à tâche d'éluder ?.....

J.-J. Rousseau, le plus grave et le plus justement célèbre de tous les philosophes du 18ᵉ siècle, parce qu'il fut le plus préoccupé de la vie future, est aussi celui qui conçut l'idée, l'importance et la nécessité de remplir une faible partie de cette immense lacune de l'Histoire universelle (1). Mais cet homme avait un orgueil d'autant plus profond, qu'il était plus humilié. Philosophe, il *haïssait* les philosophes. Tout lui manquait pour exécuter un projet dont la seule charité doit être l'ame ; et son ouvrage, qui avait eu pour but de montrer l'insuffisance de ses confrères, eût principalement fait voir la sienne.

Notre dessein découvert, on concevra facilement le genre d'autorités, de célébrités, de pensées et d'actions que nous avons signalées :

Avant tout, celles qu'on a supposées, sans raisons dé-

(1) « Il me passe par la tête un nouveau projet de défendre la religion, et je ne réponds pas que je n'aie encore le courage de l'exécuter quelque jour. Cette défense ne sera composée que de raisons tirées des philosophes, d'où il s'ensuivra qu'ils ont tous été bavards comme je le prétends, si on trouve leurs raisons mauvaises et ne pouvant rien contre la religion, ou que j'ai cause gagnée si on les trouve bonnes, c'est à-dire victorieuses, contre l'impiété. » (Édit. in-12, tome 13, page 195.) — « La prevoyance éternelle, en plaçant à côté de diverses plantes nuisibles, des simples salutaires, et dans la substance de plusieurs animaux malfaisans, le remede à leurs blessures, a enseigné aux hommes à imiter sa sagesse. C'est à son exemple que, *du sein même des écrits, source de mille dérèglemens comme de mille erreurs, la religion peut tirer un nouvel éclat.* » (*Ibid.*, page 67.)

terminantes, suspectes ou indifférentes sur la grande thèse de la vie : Aristote, Epicure, Spinosa, Diderot en sont des exemples (1).

Viennent après cela les hommes plus ou moins célèbres, auxquels on a fait la réputation d'indifférens ou de pyr-rhoniens, et dont Bayle est le type.

Et puis, les mathématiciens, les naturalistes, les mé-decins, les industriels, les artistes supérieurs, qu'on accuse généralement d'incertitude ou d'indifférence en matière de religion.

Les modernes, les vivans figurent tous, seulement avec des faits plus ou moins exprès, dans notre Encyclo-pédie d'*Apologistes*. Un certain nombre ne seront pas peu surpris de s'être trouvés bons, religieux, chrétiens, sans le savoir. Ce sera à la fois la meilleure preuve de leur mé-rite et la plus décisive de la grande vérité de christianisme universel, à l'empire de laquelle se trouve désormais atta-ché le sort de la civilisation.

Une classe de personnes à laquelle nous avons donné une attention et une place spéciales, est celle des grands hom-mes inconnus ou méconnus, et des hommes jadis célèbres, aujourd'hui oubliés.

Mais nous n'avons jamais admis un individu quelcon-que, comme un *croyant* utile, et, si nous pouvons le dire, comme un croyant social, que lorsqu'il a été, préalable-ment ou concurremment, une *incontestable capacité* dans un ordre quelconque de connaissances ou d'actions. Le

______

(1) *Magna est vis veritatis, quœ cùm per se intelligi possit, per ea tamen ipsa quœ ei adversantur, elucet; ut in naturâ suâ immobilis permanens, firmitatem suam, cùm attentatur, requirat.* HILAIRE DE POITIERS.

. . . . *Quâ cuspide vulnus*
Senserat, hâc ipsâ cuspide sensit opem.
PROP. Elég. Iʳᵉ.

tout, afin de montrer au monde qu'à notre su ou à notre insu, tout génie, comme toute puissance, vient de Dieu, et ne saurait venir que de lui.

Nous n'avons pas, nous espérons, d'excuses à faire aux hommes vivans que nous avons placés dans le *Grand livre* de la *créance* publique; nous en demandons de sincères au petit nombre que nous avons omis, dans la difficulté que nous avons trouvée à connaître un trait de leur foi (1). Plus heureux, nous avons cité surabondamment les plus célèbres des Ecclésiastiques et des Fidèles de profession. Nous avons pensé qu'il était raisonnable de compter pour quelque chose, de poser au moins pour mémoire, cette immense majorité d'hommes, de toute condition et de toute science, qui ont passé leur vie en croyant de plus en plus, et en pratiquant, jusqu'à la mort inclusivement, la vérité de Dieu, du devoir, de l'immortalité de l'ame, et de l'inévitable justice qui nous attend sur le Trône, encore mieux que sur le grabat de la pauvreté.

Et encore, nous avons cité de préférence, dans les fidèles célèbres, ceux-là dont la modération ou le génie est généralement reconnu, même par leurs adversaires : François de Sales et Vincent de Paul, Fénélon et Bossuet, Legris Duval et l'archevêque de Besançon, par exemple.

Lorsqu'un grand homme, catholique ou protestant, s'est signalé par le fanatisme ou la superstition, nous avons eu soin de le faire remarquer, ou même d'omettre son nom.

Les peuples, les ordres, les sociétés, les assemblées,

---

(1) C'est surtout à leur intention que nous faisons un appel à tous les autres. Nous avons reçu, nous accueillerons, tant qu'il en sera tems, des professions de foi, ou, si l'on veut, quelques belles pages ou quelques beaux aperçus sur la religion, formulés par les personnes mêmes dignes de figurer dans nos hommes célèbres, ou par leurs amis.

sont considérés ici comme un homme, et figurent tous, à leurs lettres, dans la *Biographie Universelle des Croyans.*

Et puis, ce qu'il ne faut pas oublier, c'est la nature des actions ou des paroles que nous avons rappelées : celles que nous avons en quelque sorte *épiées*, que nous avons surprises à leurs auteurs. Ceux qui voudront faire, sur un homme donné, des recherches plus particulières, ne feraient que le surprendre en de nouveaux témoignages flagrans de foi.

Tout, dans ce siècle, semble prédestiné à rendre plus facile le monument que nous élevons à la Religion par excellence : jamais on ne vit plus de tribunes ouvertes, plus de journaux pour faire des professions de foi, et plus d'auditoires ou de lecteurs disposés à les provoquer ou à les entendre.

Si l'on pouvait supposer un pays et une législation où les hommes soient obligés de faire un acte religieux, il n'est pas un seul des *Croyans* de notre livre, qui n'en fît un plus décisif cent fois que celui dont nous lui faisons un titre.

Du reste, c'est lorsque le génie et la grandeur d'un homme sont plus incontestés, que nous avons dû être plus courts et briser en quelque sorte sur sa piété. Les plus longs articles sont précisément ceux des hommes secondaires ou des calomniés : par exemple, Fréret, Voltaire, le marquis d'Argens, le baron d'Holbac dans un ordre ; dans un autre, Diderot, Sylvain Maréchal, Lalande ; dans un troisième, Robespierre ou Bonaparte.

En somme, les Croyans sont innombrables ; on rencontre à peine çà et là, dans l'histoire de l'humanité, quelques hommes de foi équivoque, mais de foi : invisibles au milieu d'une immense majorité de fidèles.....

Les accusateurs des philosophes sont comme les misanthropes : *des honnêtes gens qui n'ont pas bien cherché.*

Cela donné, elle paraîtra bien formidable et aussi bien rassurante la *Grande armée* de la Foi ; et pourtant, c'est la célèbre, la visible. Il en est une autre cent mille fois plus nombreuse, plus encourageante ou plus terrible pour l'homme qui l'entend bien dans le *Voyage à la recherche d'une religion*, une autre qui échappe à nos inquisitions : la grande armée des *croyans* simples ou sublimes qui ne sont pas célèbres, qui sont inconnus et comme ensevelis dans leur vertu, dont la pensée faisait tressaillir Leïbnitz, et fut peut-être la plus grande cause secrète de sa piété profonde et perpétuelle !

Si, après cela, il fallait encore, pour parler comme le *Bossuet africain*, un beau *témoignage d'ames naturellement religieuses*, nous inviterions à le chercher dans le *Dictionnaire* même *des Athées* de Sylvain Maréchal (1).

Après avoir parlé du dessein du livre, il nous faut dire un mot de son travail.

L'importance de l'ouvrage et les recherches innombrables qu'il a rendues nécessaires, font assez sentir qu'il ne pouvait être que l'effet d'un concours assez grand d'auteurs, ou plutôt d'éditeurs proprement dits. Mus par une idée première, ils apportaient, depuis long-tems, chacun leur pierre à l'édifice, et voilà qu'à la fin, ils l'ont élevé sans gloire, mais non sans récompense ; car ils croient avoir rendu plus faciles, entre de grandes hostilités, de grands rapprochemens.

---

(1) Cette preuve surérogatoire est très-reelle : la citation la plus claire, ou le fait le plus positif de pretendu atheisme qui soit dans ce livre, se réduit à un doute accidentel, à une pensee, à une tentation, à un rien.

On vient de réimprimer en Belgique cette pitoyable calomnie perpétuelle.

Nous en ferions volontiers le *complément* de notre demonstration divine par tout le monde.

C'est surtout là que, selou la belle expression du psalmiste, DIEU EST AU MILIEU DE SES ENNEMIS : *Dominus in medio inimicorum.* Ps. 109.

OPINION REMARQUABLE

DU
CÉLÈBRE MÉDECIN BARTHÈS,
SUR L'INTELLIGENCE DE L'AGONIE (1).

« On a des exemples nombreux de mourans, chez qui on a vu se dissiper le délire qu'avaient causé leur maladie aiguë, et même la folie chronique dont ils étaient attaqués depuis long-tems.

» Si les dispositions particulières d'un malade qui est près de mourir, font succéder à la gangrène qui éteint les forces dans l'organe le plus affecté, une augmentation extraordinaire de forces dans un autre organe, celui-ci exerce sa fonction propre avec une énergie singulière. C'est ainsi que, lorsque les forces deviennent alors plus actives dans l'estomac, il survient un grand appétit qui, n'étant accompagné d'aucun signe avantageux, annonce une mort prochaine.

» Si, par une semblable *conversion* des forces, elles viennent à se porter avec plus d'activité sur le cerveau, qu'on sait être le centre de la sensibilité nerveuse, cet organe exerce beaucoup plus vivement ses fonctions propres, et L'INTELLIGENCE POURRA ÊTRE EXALTÉE PAR UN EFFET DES LOIS DE LA CONNEXION DE L'AME PENSANTE AVEC LE PRINCIPE VITAL.

» Telle est la cause qui fait que CERTAINS HOMMES ONT, AUX APPROCHES DE LA MORT, UNE ÉLÉVATION D'IDÉES ET UNE ÉLOQUENCE QU'ILS N'AVAIENT JAMAIS EUES AUPARAVANT. Ces hommes se sentent même obligés d'arrêter ce torrent d'idées et d'expressions heureuses qui les entraîne, par la crainte trop fondée qu'ils ont de tomber dans le délire (que pourrait causer l'excès de la concentration des forces sensitives vers l'origine commune des nerfs).

» Sans doute, c'est alors que DES MOURANS PEUVENT PRÉDIRE L'AVENIR, autant qu'il peut l'être par les lumières naturelles, et non pas (comme ont dit Arétée et Bacon) en tant que l'ame s'approche de la divinité, ou qu'étant ramassée en elle-même, elle a, par la force de son essence, quelque prénotion des choses futures, ainsi que dans les songes et les extases. »

(1) Ce précédent était nécessaire, afin de prévenir l'objection qu'un lecteur irrefléchi ne manquerait pas de faire aux nombreux actes de foi, d'espérance et de charité sublimes des derniers jours d'hommes, qui se trouvent exprimés dans al *Biographie universelle des Croyans.*

GUIZOT (François), né à Nîmes, en 1780, élevé à Genève, et successivement homme de lettres laborieux (il a publié plus de 200 volumes), professeur d'histoire, disciple de M. Royer-Collard, secrétaire de l'abbé de Montesquiou, et tour à tour homme d'état et journaliste. On peut le considérer comme le ministre inévitable et le plus savant ministre de l'ère nouvelle. Sévère dans ses mœurs, religieux dans sa vie, il n'est pas moins religieux, il est quasi-catholique dans ses cours, dans ses écrits, et dans bon nombre de circulaires et même d'actes de son ministère de l'instruction publique. Le choix de plusieurs excellens évêques ne lui fut pas étranger. Il a, en dernier lieu, protégé le rétablissement et aidé les travaux (le *Gallia christiana* en particulier) des jeunes bénédictins de Solesmes : « Il me paraît vain, dit-il dans ses *Moyens de gouvernement*, de prétendre que le catholicisme, avec sa force numérique, sa constitution intérieure, sa hiérarchie, ses dogmes, ses souvenirs, soit réduit en France à sa liberté pure et simple ; la charte a donc eu raison de le déclarer religion de l'état. » Et le même homme qui a fait l'éloge du clergé catholique dans un livre, fait, dans un autre, dans son *Cours d'histoire moderne*, la critique de la réforme : « En fait, il n'y a jamais eu de gouvernement plus conséquent, plus systématique que celui de l'église romaine. En fait, la cour de Rome a beaucoup plus complètement adopté son propre système, tenu une conduite bien plus cohérente que la réforme. Celle-ci n'a pas respecté tous les droits de la pensée humaine : au moment où elle les réclamait pour son propre compte, elle les violait ailleurs. » M. Guizot a fait des actes de foi plus sérieux et peut-être plus décisifs encore : il a passé la plus belle partie de sa vie avec une catholi-

que, Mlle de Meulan, sa première femme, et il lui lisait, à son lit de mort, la sublime *Oraison funèbre d'Henriette*, de notre catholique par excellence, Bossuet, qu'il a depuis nommé grand homme jusque dans la chambre des députés......

PÉRIER (Casimir), le quatrième des enfans de Claude Périer, propriétaire du château de Vizille, où fut donné en 1788 le premier signal des états-généraux, qui devaient avoir tant de portée, né à Grenoble en 1777, et mort à Paris le 16 mai 1832. Il peut être considéré comme l'homme le plus remarquable du commerce de France. C'est même, de tous les administrateurs publics sortis de nos troubles, celui qui s'est montré le plus sage dans l'opposition et le plus modéré dans la victoire. Il eut aussi moins d'ennemis que tous les autres, et sa mémoire n'offre rien d'odieux. Il avait été élevé chez les bons oratoriens de Lyon. Son premier acte, dans le premier des *trois jours*, fut de crier aux ouvriers assemblés devant son hôtel : « Mes amis, vous ne gagnerez pas votre pain dans la rue ! » Lorsque le choléra vint frapper à la porte du cabinet de la présidence, il se rappela bientôt les principes dans lesquels il avait été élevé, et qu'il avait respectés et vu pratiquer toujours à côté de lui dans sa famille opulente. Son premier soin fut de faire appeler le digne évêque de Meaux, auquel il fit une confession générale, et dont il reçut les sacremens au milieu de sa famille en pleurs. Et puis il mourut en disant ces mots célèbres : « *La France périt d'impiété.* » Sa veuve, aussi connue sur sa paroisse par sa dévotion que son mari dans le monde par sa fortune, semble s'être consacrée à Dieu depuis la terrible mort qui est venue lui rappeler la vanité des grandeurs du monde (1) ....

(1) Elle est auteur d'un *Recueil de prières choisies*, à l'usage des âmes pieuses, impr. chez Rusand à Lyon.

PARIS.—J. ANGÉ, ÉDITEUR, RUE GUÉNÉGAUD, 19.

VERSAILLES, MÊME MAISON; RUE SATORY, 28.

CODE SACRÉ

OU

EXPOSÉ COMPARATIF

DE TOUTES

LES RELIGIONS DE LA TERRE

Considérées sous le rapport de leurs dogmes, de leur morale et de leur culte, et mises en présence les unes des autres par le rapprochement successif et textuel des divers parties de leurs systèmes;

Extrait des livres originaux qui servent de bases aux différentes croyances, tels que le Pentateuque, les quatre Évangiles, le Coran, les Veïdams, le Chou-King, le Zend-Avesta, l'Edda, la Voluspa, etc.

PAR AMOT DE MAIZIÈRES,

Auteur d'un *Essai sur la Politique des Restaurations*, couronné par l'Académie de Lyon; d'un *Traité d'Éducation nationale* couronné par l'Académie de Mâcon; d'un *Commentaire* sur la *Constitution de 1814*, couronné par l'Académie de Châlons-sur-Marne, des *Lettres d'Icilius*, etc.

PRIX: 5 FR. EN FEUILLES, 6 FR. DEMI-REL., DOS MAROQUIN.

Cet ouvrage, composé de 30 Tableaux et d'une Introduction à l'*Histoire des Révolutions religieuses*, forme un volume grand in-folio, papier vélin collé.

LE DUC DE REICHSTADT,

PAR M. DE MONTBEL.

Ancien ministre de Charles X.

Troisième édition, ornée de Portraits en taille-douce du Duc, de trois *fac simile*, et du plan des Tombeaux des Empereurs d'Allemagne.

1 VOL. IN-8° EN 6 LIVRAISONS A 1 FRANC.

La première livraison est en vente.

NOTA. Sur la demande des nombreux souscripteurs à l'*Histoire de Napoléon*, cette troisième édition est conforme, pour le papier, les caractères et la justification, aux deux dernières éditions de M. de Norvins, publiées par M. Furne.

HISTOIRE
De l'Ancien et du Nouveau
TESTAMENT,

PAR DE ROYAUMONT, PRIEUR DE SOMBREVAL.

Un volume in-8° de 36 feuilles, imprimé sur grand papier vélin, orné de 267 vignettes. Prix : 6 fr.

ÉLÉGIES,
PAR M. ARMAND MAUGE.

Nouvelle édition, augmentée de plusieurs pièces inédites. — 1 volume grand in-18, vélin, couverture imprimée et titre avec vignette.

PRIX : 3 FRANCS.

SOUS PRESSE :

MÉTHODE DE PLAIN-CHANT,
A L'USAGE DE TOUTES LES ÉGLISES DE FRANCE.

Par M. MATHIEU, ex-maître de chapelle à Versailles.
1 vol. in-12. Prix : 3 francs.